As melhores frases de
Casa-Grande & Senzala

A obra-prima de Gilberto Freyre

As melhores frases de

Casa-Grande & Senzala

A obra-prima de GILBERTO FREYRE

Seleção de Fátima Quintas

São Paulo

2012

© Fundação Gilberto Freyre, 2011
Recife-Pernambuco-Brasil
Seleção e prefácio © Fátima Quintas, 2011
1ª Edição, Atlântica Editora, 2005
2ª Edição, Global Editora, São Paulo 2012

Diretor Editorial
Jefferson L. Alves

Editor Assistente
Gustavo Henrique Tuna

Gerente de Produção
Flávio Samuel

Coordenadora Editorial
Arlete Zebber

Revisão
Tatiana Y. Tanaka

Projeto de Capa
Evelyn Rodrigues do Prado

Imagem de Capa
Engenho de Pernambuco, óleo sobre madeira de Frans Post, século XVII

Projeto Gráfico
Rodrigo Mota

CIP-BRASIL. Catalogação na fonte
Sindicato Nacional dos Editores de Livros, RJ

F943m

Freyre, Gilberto, 1900-1987
As melhores frases de Casa-Grande & Senzala : a obra-prima de Gilberto Freyre / seleção de Fátima Quintas. – [2.ed.] – São Paulo : Global, 2012.

ISBN 978-85-260-1677-4

1. Freyre, Gilberto, 1900-1987. Casa-grande & senzala. 2. Freyre, Gilberto, 1900-1987 – Citações. I. Quintas, Fátima. II. Título.

12-3710.   CDD: 869.93
                                        CDU: 821.134.3(81)-3

Direitos Reservados

Global Editora e
Distribuidora Ltda.

Rua Pirapitingui, 111 – Liberdade
CEP 01508-020 – São Paulo – SP
Tel.: (11) 3277-7999 – Fax: (11) 3277-8141
e-mail: global@globaleditora.com.br
www.globaleditora.com.br

Obra atualizada conforme o
Novo Acordo Ortográfico da Língua Portuguesa

Colabore com a produção científica e cultural.
Proibida a reprodução total ou parcial desta obra
sem a autorização do editor.

Nº de Catálogo: **3367**

À memória de Fernando Freyre,
que tanto fez pela cultura pernam-
bucana, meu gesto de gratidão.

Gilberto Freyre fotografado por Pierre Verger, 1945.
Acervo da Fundação Gilberto Freyre.

Sumário

Prefácio	13
Exílio	23
Franz Boas	25
O chamado "*deep South*"	27
Estudos de vida íntima: uma metodologia	29
A devassa da Inquisição	31
Brasil: decepção à primeira vista	33
Brasil: terra tropical	35
Mata Atlântica: complexo do bicho	39
Colonização: iniciativa privada	43
Ancestralidade ibérica	45
Mosteiros portugueses: elite intelectual e agrária	53
Plasticidade do português	55
A alternativa portuguesa	63
Influência moura	65
Português: ideal de beleza feminina	73
Sociedades híbridas	75
Choque de culturas	79
Equilíbrio de antagonismos	83
Miscigenação	85
Sistema de parentesco indígena	93
Índio macho	95
Mulher indígena	99

Os baito: educação indígena	103
Triângulo da dominação: monocultura, aristocratismo, latifúndio	105
Ação deletéria da escravidão	111
Mística judaica	117
Introversão *versus* extroversão	119
Bandeirantismo	123
Mística sertaneja	125
Arquitetura da casa-grande	127
Complexo social da casa-grande	131
Assombrações da casa-grande	133
Família patriarcal: unidade colonizadora	135
Primeira comunhão da sinhazinha	139
Casamento patriarcal	141
Sinhazinhas, sinhá-moças, sinhá-donas	143
Culumins, ioiôs, moleques	147
Amamentação	155
Amas negras e mucamas	157
Educação patriarcal	159
Prostituição doméstica da casa-grande	163
Sadismo e masoquismo	171
Envelhecimento precoce da portuguesa	177
Música, cantos, histórias de Trancoso	179
Indumentária	181
Alimentação	185
Linguagem	199
Indolência	205
Medos, superstições, bruxarias	209
Higiene	219

Predisposições africanas	223
Procedência dos escravos	227
Saudosismo	231
Sexualidade	233
Doenças em tempos patriarcais	253
Medicina colonial	257
Cristianismo	259
Mortes em tempos patriarcais	283

Prefácio

A contemporaneidade, a excelência linguística, a visão inovadora e "revolucionária" de *Casa-grande & senzala* me estimularam a realizar este trabalho. Levei algum tempo pensando e repensando em fazê-lo. Temia não alcançar as diretrizes a que me propunha. Mas ousei ir adiante, após alguns meses de reflexão. Concluída a tarefa, sinto-me segura, e até consciente, em afirmar que não somente valeu a pena, como o resultado aferido me parece satisfatório para os estudiosos da obra de Gilberto Freyre. Regozijo-me em acreditar no esforço empreendido. Com satisfação ímpar, externo o desejo de que esta Seleta venha, de alguma forma, a contribuir para as pesquisas que se destinam à fortuna crítica do autor pernambucano.

Passados quase oitenta anos do lançamento de *Casa-grande & senzala* (novembro de 1933), a obra continua sinalizando um marco substantivo na gênese e exegese do Brasil colonial e imperial. Rica em pioneirismos, desconstruiu os parâmetros de um modelo em curso nas primeiras décadas do século passado. Gilberto Freyre, numa atitude de coragem e rebeldia, repeliu os figurinos estabelecidos à época e adotou uma abordagem pluridimensional, escapando dos unilateralismos porventura inibidores da interpretação da sociedade dos nossos antepassados. Não se deixou embeber pelos pressupostos positivistas de uma República de Bacharéis, ao optar por uma *análise matizada*, que vai do simples ao complexo e do complexo ao simples. Com pincéis expressionistas e nuances impressionistas, incursionou no mundo dos nossos ancestrais, confiando que a melhor fatia do presente encontra-se nos escaninhos do passado. Assim procedeu. Com olhos fitos no futuro e serenados em imagens que o antecederam, formulou o retrato do Brasil mediante a recuperação de tempos nunca arrefecidos.

Nasceu no Recife em 15 de março de 1900 o autor de *Casa-grande & senzala*. Apegado à sua cidade, viveu – de 1941 até a sua morte em 1987 – no bairro de Apipucos, em um belo casario do século XIX, por ele nominado *Vivenda de Santo Antônio*. Era um cidadão do mundo, mas, sobretudo, um homem voltado para a concha da intimidade. Amava com desvelo o seu recanto, o gabinete de estudos, a poltrona preferida... Apreciava igualmente países longínquos, exóticos, tradicionais, conservadores... Ao se autodefinir, em entrevista espontânea, não tergiversou:

> Não sei definir-me. Sei que sou um *eu* muito consciente de si próprio. Mas esse *eu* não é um só. Esse *eu* é o conjunto de *eus*. Uns que se harmonizam, outros que se contradizem. Por exemplo, eu sou numas coisas muito conservador e, noutras, muito revolucionário. Eu sou um sensual e sou um místico. Eu sou um indivíduo muito voltado para o passado, muito interessado no presente e muito preocupado com o futuro. Não sei qual dessas preocupações é maior... Sou um brasileiro de Pernambuco. Gosto muito da minha província. Sou sedentário e ao mesmo tempo nômade. Gosto da rotina e gosto da aventura. Gosto dos meus chinelos e gosto de viajar. Meu nome é Gilberto Freyre (Entrevista concedida à TV Cultura, em 1972 — grifo nosso).

A consciência dos paradoxos deu a Gilberto Freyre a liberdade de "efervescer" sob a ode da ambiguidade. Perseguiu inúmeras perguntas. Quase um prisioneiro das próprias indagações. Viveu no tempo do *gerúndio*: escutando, olhando, sendo... Jamais coonestando atitudes afirmativas. Por entre um perspectivismo orteguiano, o autor elaborou a sua caminhada e validou polos em constante acasalamento: o tempo e o espaço. O tempo, todos; o espaço, o trópico. Um tempo que se fixa dentro de nós mesmos, e um espaço que se agasalha sob o sol esfuziante e caloroso do Brasil tropical. A fusão do tempo e do espaço se espraia ao cadenciado sabor da rotina. E a *Sociologia do Cotidiano* desabrochou no livro *mater* de Gilberto Freyre. Asseverou: "O que se destaca em *Casa-grande & senzala* não é a importância dos fatos como fatos: e sim a das relações entre eles. A da sua projeção em símbolos. (...) O autor não se limita a apresentar fatos de caráter sociológico, isto é, antes recorrências cotidianas do que ocorrências excepcionais" (Gilberto Freyre, *Como e por que sou e não sou sociólogo*, Brasília: Universidade de Brasília, p.119). Interessou-lhe, pois, a intimidade, o que se desenrolou nos bastidores de um palco de dupla face: a explícita e a implícita. Os rituais diários, as tão weberianas conexões de sentido e a côncava privacidade pontificam o lastro de um livro germinal. *Casa-grande & senzala* repousa em introspecções. Em sigilos. Em desabafos. Em símbolos. O título carrega uma prévia e concisa significação. A *casa-grande*, símbolo de um status: poder e dominação; a *senzala*, símbolo de outro status: subordinação e submissão. O *&*, utilizado em lugar da conjunção *e*, referenda um símbolo de interpenetração e não de oposição. Há uma *trindade fundante* encapsulando a obra, quase uma consagração inicial da letra que se dissemina em locuções léxicas. É importante entender a metáfora do título porque dela brotam as demais circunvoluções que subscrevem cada página. A palavra enunciando a força da vida. Não apenas figura de simples retórica, mas pulsão de Eros e Tanatos. A linguagem freyriana não se limita às dobras da semântica, mas se celebra na interseção do significado e do significante, à maneira lírica ou agressiva, a depender da conjuntura do texto. Texto farto de exuberância e de espírito da letra.

Símbolos, intimidades, vivências e convivências. Por entre profundas expressões humanas, Gilberto perseguiu a cadência da ritualística existencial. O modo de "estar no mundo" conferiu-lhe o brasão ontológico. O nascer, o viver, o morrer foram apreendidos dentro do molusco privado, lugar de acolhimento da humanidade: desfile de vontades e desejos; átrio de pulsões de carne e de santidade; abrigo de jorros interiores e de hipérboles trágicas ou alegóricas. O corpo, seminando a alma; a alma, seminando o corpo. Uma relação íntima que exigiu traços de afinidade e íntimas interações. Não lhe bastaram os dados frios ou quantitativos. Valeu-se de uma *metodologia empática* para debruçar-se sobre si mesmo e sobre o outro. Ou para aproximar-se o mais possível do sentimento de compreensão, pois lembra que "O humano só pode ser compreendido pelo humano – até onde pode ser compreendido; e compreensão importa em maior ou menor sacrifício da objetividade à subjetividade. Pois tratando-se de passado humano, há que se deixar espaço para a dúvida e até para o mistério" (Gilberto Freyre, *Sobrados e mucambos*, 15. ed., São Paulo: Global, 2004, p.40-41).

Na tentativa de haurir o âmago da vida colonial e imperial, Freyre desprezou os rigores de uma técnica acanhada para alargar a sua *metodologia* numa *transmetodologia*. Nada de versões unilineares ou de parentescos endogâmicos. Abraçou a multifocalidade como tronco-essência de uma árvore repleta de ramificações. Entre o sim e o não, situou-se na balança pendular do movimento assimétrico. E o mundo lhe anunciava volteios e revolteios, a orbitarem meridianos e hemisférios invisíveis. Assim albergou todas as sementes e frutos que lhe apontassem novas descobertas. Testamentos, livros de assentos, cartas, batistérios, história oral, anúncios de jornal, modas, gastronomia, fotografias, velórios, enterros, documentos burocráticos, bisbilhotices e muito mais lhe ofertaram o calço de sustentação de seu périplo de sensibilidade.

Casa-grande & senzala prima pela "irreverência de métodos". Um relativismo com cheiro de diversidade. Da obra pulula um estrondoso "universo sensorial". Emoções e sentimentos coexistem em paralelo a um raciocínio pouco afeito a categorias e conceitos de curto alcance. A preocupação freyriana lavra as indefinições e os subjetivismos que alagam as incertezas humanas.

Dotado de uma saudável intranquilidade, auscultou-se sem medo, assimilando os entornos sociais. Confessou:

> Em conferência autobiográfica na Sociedade de Hans Staden, de São Paulo, comecei a responder à pergunta – "por que se tornou sociólogo?" – por uma recordação de infância: a de que aos seis anos fugi de casa para conhecer o mundo, voltando à casa vencido pela saudade. Saudade da mãe principalmente. Mas também do pai e dos irmãos, da casa e do próprio gato. Desde então venho repetindo essa fuga e repetindo esse regresso. Fugindo do Brasil pela atração de quanto seja diferente do Brasil e voltando ao Brasil pela sedução do familiar. De modo que as minhas tentativas de estudo de temas sociais vêm se alternando entre essas duas atrações. Tornei-me um tanto sociólogo, por um lado, pela curiosidade em torno do que é social no mundo, por outro, pelo interesse do que é social em mim próprio (Gilberto Freyre, *Como e por que sou e não sou sociólogo*, op. cit., p.43).

Os compassos binários ou a dinâmica das oposições sempre se aliaram às suas interjeições. O homem e as incoerências referenciam a ansiedade de pesquisador. A fuga e o regresso, conforme suas próprias palavras, serviram-lhe de pontos de convergência, de unidades centrípetas, de desembocaduras do *eu*. Nessa trajetória que não tem começo nem fim, ou seja, na busca de uma origem e de uma finitude, reina a humanidade sob a hoste de signos em aprazíveis sintonias ou em severos confrontos. Gilberto interiorizou a dificuldade de apreender o homem *in totum* e se lançou na grande aventura do labirinto de Teseu, sugando de abismos sombrios as vozes de uma multidão tão anônima quanto conhecida pelo nome de *gente*. Alongou-se em uma autoprojeção. Sedimentou o conhecimento nos porões da consciência e da inconsciência e não em fórmulas teóricas fabricadas em herméticos gabinetes.

A metodologia revolucionária vem ao encontro das semelhanças e dessemelhanças de cada um. Das igualdades e singularidades. Do pequeno detalhe ao mais suculento fato, o autor deambulou nos tempos contíguos – passado, presente, futuro – em um diálogo permanente entre o tempo "morto" e o tempo "vivo". Ele próprio se indagou: "Haverá, afinal, de modo absoluto, tempo morto? Ou o homem é que morre, como indivíduo e ao seu próprio tempo, num transtempo, este como que imortal?" (Gilberto Freyre, *Tempo morto e outros tempos*, 2. ed., São Paulo: Global, 2006, p.18).

Casa-grande & senzala orna a "temporalidade infinda", o círculo nunca fechado de uma esfera geracional, uma cadeia que se prolonga época a época. Desfilando pelos seus aposentos, do quarto de dormir à cozinha, da sala de jantar ao alpendre, da soleira do engenho ao caramanchão visitado pelos enamorados, Freyre compendiou as peças de um intrincado xadrez. O andar lento, vagaroso, atento, propiciou-lhe o apuro dos olhos em cada cena espreitada. E nada lhe escapou, nem mesmo o brinquedo perdido atrás da pesada cortina da janela azul, ou o menino escondido por entre vestes de adulto, ou a sinhá-dona sentada à mesa da cozinha, confidenciando segredos à mucama. Aportou em todos os desvãos, quase um fantasma que se asilou no oráculo da intuição. E descreveu, e interpretou e, sobretudo, escreveu. Com leveza. Sem o artificialismo da terminologia acadêmica. Distante do jargão hirto e cansativo do suposto saber. Um *dizer* não somente sociológico, como poético, lírico, romântico.

Considerado autobiografia coletiva, o livro *Casa-grande & senzala* escapa dos meandros solitários dos textos até então surgidos. E o telúrico adere à linguagem científica. Com o ritmo dos literatos, a simplicidade dos que sabem o que querem e a qualidade maior de escritor, Freyre sela o pacto com a palavra:

> Não sou nem pretendo ser sociólogo puro. Mais do que sociólogo creio ser antropólogo. Também me considero um tanto historiador e, até, um pouco pensador. Mas o que principalmente sou creio que é escritor. Escritor – que me perdoem os literatos a pretensão, e os beletristas, a audácia – literário. (...) O sociólogo, o antropólogo, o historiador, o cientista social, o possível pensador são em mim ancilares do escritor. Se bom ou mau escritor é outro assunto (Gilberto Freyre, *Como e por que sou e não sou sociólogo,* op. cit., p.23-165).

Livro épico. Nele palpitam os "conflitos" e as "batalhas privadas" que vão abrolhando ao longo da história cotidiana brasileira. *O épico da intimidade*. Aliás, a intimidade granjeia o que há de mais épico na vida humana. E os bulícios ancestrais se perpetuaram através da família patriarcal, uma família extensiva que acolheu parentes, comadres, amigos pobres, moleques advindos de relações clandestinas, padres, amas de leite, mucamas e todos os que a ela recorreram. Por conseguinte, essa família significou o elo galvanizador das relações sociais – do sexo tradicional, praticado com a esposa, ao sexo clandestino, praticado com a africana, do ócio improdutivo ao tédio do mando, da euforia do nascimento ao choro da morte.

*****

Como e por que *Casa-grande & senzala* foi escrita?

Em 1930, Gilberto Freyre acompanhou o governador de Pernambuco, Estácio Coimbra – de quem fora secretário particular –, à viagem ao exílio. Seguiu para a Europa com escala no Senegal. Fixou-se em Portugal, ali residindo em desconfortáveis águas-furtadas, no rigor do inverno lisboeta. Na solidão do estrangeiro, reanimou a antiga ideia: a de escrever um trabalho "que abrisse novas perspectivas à compreensão e à interpretação do Homem através de uma análise do passado e do *ethos* da gente brasileira: trabalho que quatro anos antes, estando nos Estados Unidos e tendo à minha disposição manuscritos e obras raras da Brasiliana de Oliveira Lima, em Washington, eu já pensara tentar realizar" (Gilberto Freyre, *Como e por que sou e não sou sociólogo,* op. cit., p.126). Na verdade, o primeiro ímpeto relativo à investigação do tema já havia resultado em sua tese universitária, defendida em Colúmbia: *Vida social no Brasil nos meados do século XIX*, embrião de *Casa-grande & senzala*.

O prosseguimento da pesquisa aconteceu em Lisboa, de 1930 a 1931, quando Freyre, entusiasmado em levar adiante o projeto, percorreu a Biblioteca Nacional de Lisboa, algumas coleções particulares – uma delas a de João Lúcio de Azevedo – e o Museu Etnológico da capital portuguesa, então dirigido pelo sábio Leite de Vasconcelos. As visitas às diversas bibliotecas em muito contribuíram para amainar as condições insalubres da casa onde habitava.

> O estudo em biblioteca e em museus servia-me também de refúgio contra o frio. Frio terrível na pensão em que, quase sem dinheiro algum, passara a viver a mais miserável das vidas que já vivera. Pois ninguém se engane com os invernos em Lisboa, quando severos: neles o pobre, sem calefação em casa e sem bom sobretudo na rua, sofre, sendo pobre, de pegajento frio úmido, quase tanto como em Paris ou como em Londres (ibidem, p.127-128).

Sobreviveu aos precários meses na Península Ibérica dando "aulinhas de inglês" ministradas a emigrados brasileiros ilustres. Segundo ele, revelou-se péssimo professor, logo de início inibido diante do esquecimento da palavra cabide em inglês. Não nascera para ensinar línguas, concluíra.

Em fins de fevereiro de 1931, chegou-lhe um convite para lecionar na Universidade de Stanford – *Visiting Professor* –, o que representava uma insigne honra para um jovem de 30 anos. Começava a sua brilhante carreira. "Foi na Universidade de Stanford que tomou corpo o meu projeto do livro [*Casa-grande & senzala*]. (...) Impossível esquecer-me dos dias que então passei à sombra das palmeiras da acolhedora Stanford: foram dias decisivos para o planejamento do livro projetado" (ibidem, p.130).

Dos Estados Unidos viajou – ainda em 1931 – para a Europa, demorando-se na Alemanha com a finalidade de aprofundar os estudos antropológicos nos excelentes museus-laboratórios já por ele conhecidos. Da Europa regressou ao Brasil, exatamente para o Rio de Janeiro. Aí foi decisivo o incentivo que recebeu do amigo Rodrigo Mello Franco de Andrade a favor do projeto do livro. Sob esse inestimável estímulo, deu andamento às pesquisas na Biblioteca Nacional, no Arquivo Nacional, na Biblioteca e no Arquivo da Faculdade de Medicina e no Museu Nacional.

Com o trabalho inacabado, partiu para o Recife. Do começo de 1932 ao começo de 1933, entregou-se inteiramente à redação do livro.

> Foi trabalho que realizei em condições difíceis – comendo uma vez por dia e morando só e isolado numa casa – que ainda existe, na Estrada do Encanamento, então propriedade de meu irmão Ulysses, onde ele e eu, solteiros, residíramos durante alguns anos. Em 1932 ele era homem já casado. Cedeu-me aquela casa meio abandonada e a família concordou que durante o dia ficasse ao meu serviço o velho Manuel Santana, preto nascido ainda no tempo da escravidão e durante longo tempo, membro, por assim dizer, da nossa família; e de certo modo meu colaborador, através de informações orais. (...) Não se pense que foram dias de todo tranquilos, para o autor, os do último ano, passados no Recife. Comia uma vez por dia. Experimentei o sofrimento da fome. Quando vinha à cidade, de Casa Forte, era a pé. Voltava a pé. Vivia da venda das jacas, das mangas, dos jambos do sítio que rodeava a casa de meu irmão. Vida difícil (ibidem, p.132-134).

Concluída a redação, incumbiu-se de levar o vasto material ao Rio de Janeiro Anita Paes Barreto, amiga de Ulysses Pernambucano, primo de Gilberto e psiquiatra importante, mestre da Nova Escola Brasileira de Psiquiatria. Um fato dramático assinalou a cena do embarque: ao subir a escada do vapor que a conduziria ao Rio, Anita tropeçou, quase deixando cair na água o volumoso texto. Registre-se que não havia cópia – só existiam os originais que foram datilografados por Luís Jardim –, e Gilberto estremeceu diante da possibilidade de perda total do seu longo e penoso trabalho.

O primeiro editor de *Casa-grande & senzala* foi Augusto Frederico Schmidt, o poeta. Enviados os originais para a gráfica, os amigos do autor comemoraram o acontecimento com uma grande festa na casa mourisca, situada no sítio, chamado de Carrapicho, à Estrada do Encanamento, conforme já assinalado. A festa teve direito à dança e só foram admitidos aqueles que se apresentaram fantasiados de personagens típicos da casa-grande e da senzala. "O autor dançou, cantou e bebeu vinho na mesma sala onde durante meses escrevera o livro *Casa-grande & senzala*. Estava mais do que eufórico" (ibidem, p.135).

****

Narrados passo a passo os caminhos percorridos por Gilberto Freyre na sua escritura do livro *Casa-grande & senzala*, gostaria de me deter em algumas explicações técnicas concernentes às frases selecionadas. Em primeiro lugar, friso que a escolha atendeu a critérios aleatórios, ou seja, critérios por mim distinguidos como relevantes para a feitura da Seleta. Priorizei, portanto, a acepção literária, os jogos metafóricos e o vigor do conteúdo.

Após exaustiva garimpagem, optei pela tematização como a melhor taxionomia a ser explorada. Tal "categorização" não se encontra disposta por ordem alfabética no Sumário, e sim por ordem didática. Decidi esboçar um percurso histórico-sequencial por considerá-lo de pertinente visualização pedagógica. Naturalmente cometo deslizes na busca do didatismo, embora tenha me esforçado por oferecer uma moldura adequada às exigências de um livro canônico. A pesquisa de localização e inserção temática foi laboriosa e demandou um longo tempo de maturação.

Devo ainda outras explicações: houve um "desmembramento intencional" de muitas frases, de modo a destacá-las em blocos isolados. Com isso, algumas sofreram fragmentação, subdividindo-se em várias citações. Para tanto, adotei certas convenções. Utilizei o sinal (...) para indicar supressão de texto, bem como [...] para apontar acréscimo textual, melhor dizendo, complementação auxiliar à clareza dos "períodos linguísticos" interrompidos. Estou convicta de que as diversas ramificações enriqueceram a Seleta, ao exibir uma sistematização acoplada a quadros "classificatórios". Cabe-me ressaltar que essa tentativa adveio tão somente do interesse em proporcionar uma provável contribuição didática, não obstante admitir que a escolha das alternativas possa acarretar subsequentes limitações. O desafio, entretanto, foi aceito e o resultado me pareceu satisfatório.

Em virtude da divisão temática, inúmeras citações estão repetidas em duas ou três seções, o que faço com a devida nota explicativa. Usei também o sinal... ao término dos parágrafos não concluídos ao modo do texto original.

Num total de cinquenta e oito temas, agrupei um elenco estimativo de mil frases, sem mensurar as repetições referidas. Acredito que o trabalho alcançou bons níveis de aproximação ao escopo idealizado, e confio que os interessados em sua leitura, depois de percorrer o "quadro sinótico", sentir-se-ão instigados a visitar o amplo pensamento de Gilberto Freyre.

Eis a Seleta. Aos leitores, entrego o fascínio das melhores frases de *Casa-grande & senzala*. Açulo a curiosidade e espero que se deleitem com a coletânea.

Fátima Quintas
Casa-Grande das Ubaias
Recife, 22 de março de 2012

EXÍLIO

Em outubro de 1930 ocorreu-me a aventura do exílio. Levou-me primeiro à Bahia; depois a Portugal, com escala pela África. O tipo de viagem ideal para os estudos e as preocupações que este ensaio reflete (p.29).

FRANZ BOAS

Creio que nenhum estudante russo, dos românticos, do século XIX, preocupou-se mais intensamente pelos destinos da Rússia do que eu pelos do Brasil na fase em que conheci Boas. Era como se tudo dependesse de mim e dos de minha geração; da nossa maneira de resolver questões seculares. E dos problemas brasileiros, nenhum que me inquietasse tanto como o da miscigenação (p.31 – repetida no tema *Miscigenação*).

∽

O professor Franz Boas é a figura de mestre de que me ficou até hoje maior impressão. Conheci-o nos meus primeiros dias em Colúmbia (p.31).

∽

Lembra Franz Boas que, admitida a possibilidade da eugenia eliminar os elementos indesejáveis de uma sociedade, a seleção eugênica deixaria de suprimir as condições sociais responsáveis pelos proletariados miseráveis – gente doente e malnutrida; e persistindo tais condições sociais, de novo se formariam os mesmos proletariados (p.32 – repetida no tema *Miscigenação*).

∽

Foi o estudo de antropologia sob a orientação do professor Boas que primeiro me revelou o negro e o mulato no seu justo valor – separados dos traços de raça os efeitos do ambiente ou da experiência cultural (p.32 – repetida no tema *Miscigenação*).

∽

Aprendi a considerar fundamental a diferença entre *raça* e *cultura*; a discriminar entre os efeitos de relações puramente genéticas e os de influências sociais, de herança cultural e de meio (p.32 – repetida no tema *Miscigenação*).

O CHAMADO *"DEEP SOUTH"*

Este [o velho Sul escravocrata] se alcança ao chegar o transcontinental aos canaviais e alagadiços da Luisiana, Alabama, Mississipi, as Carolinas, Virgínia – o chamado *"deep South"*. Região onde o regime patriarcal de economia criou quase o mesmo tipo de aristocrata e de casa-grande, quase o mesmo tipo de escravo e de senzala que no Norte do Brasil e em certos trechos do Sul; o mesmo gosto pelo sofá, pela cadeira de balanço, pela boa cozinha, pela mulher, pelo cavalo, pelo jogo; que sofreu, e guarda as cicatrizes, quando não as feridas abertas, ainda sangrando, do mesmo regime devastador de exploração agrária... (p.30).

～

A todo estudioso da formação patriarcal e da economia escravocrata do Brasil impõe-se o conhecimento do chamado *"deep South"* (p.30-31).

～

Fique bem claro, para regalo dos arianistas, o fato de ter sido o Brasil menos atingido que os Estados Unidos pelo suposto mal da "raça inferior". Isto devido ao maior número de fula-fulos e semi-hamitas – falsos negros e, portanto, para todo bom arianista, de estoque superior ao dos pretos autênticos – entre os emigrantes da África para as plantações e minas do Brasil (p.388 – repetida no tema *Procedência dos escravos*).

～

A formação brasileira foi beneficiada pelo melhor da cultura negra da África, absorvendo elementos por assim dizer de elite que faltaram na mesma proporção ao sul dos Estados Unidos (p.382 – repetida no tema *Procedência dos escravos*).

～

Parece que para as colônias inglesas o critério de importação de escravos da África foi quase exclusivamente o agrícola. O de energia bruta, animal, preferindo-se, portanto, o negro resistente, forte e barato. Para o Brasil a importação de africanos fez-se atendendo-se a outras necessidades e interesses. À falta de mulheres brancas; às necessidades de técnicos em trabalhos de metal, ao surgirem as minas. Duas poderosas forças de seleção (p.388-389 – repetida no tema *Procedência dos escravos*).

～

O mesmo interesse econômico dos senhores em aumentar o rebanho de escravos que corrompeu a família patriarcal no Brasil e em Portugal corrompeu-a no sul dos Estados Unidos. Os viajantes que lá estiveram durante o tempo da escravidão referem fatos que parecem do Brasil (p.461 – repetida no tema *Ação deletéria da escravidão*).

～

O regime econômico de produção – o da escravidão e da monocultura – dominando a diversidade de clima, de raça, de moral religiosa, criou no sul dos Estados Unidos um tipo de aristocrata mórbido, franzino, quase igual ao do Brasil nas maneiras, nos vícios, nos gostos e no próprio físico. Os ingredientes diversos; mas a mesma forma (p.519 – repetida no tema *Triângulo da dominação: monocultura, aristocratismo, latifúndio*).

ESTUDOS DE VIDA ÍNTIMA: UMA METODOLOGIA

Ensaio de sociologia genética e de história social, pretendendo [*Casa-grande & senzala*] fixar e às vezes interpretar alguns dos aspectos mais significativos da formação da família brasileira (p.50).

~

Nas casas-grandes foi até hoje onde melhor se exprimiu o caráter brasileiro; a nossa continuidade social. No estudo da sua história íntima despreza-se tudo o que a história política e militar nos oferece de empolgante por uma quase rotina de vida: mas dentro dessa rotina é que melhor se sente o caráter de um povo (p.45 – repetida no tema *Complexo social da casa-grande*).

~

Estudando a vida doméstica dos antepassados sentimo-nos aos poucos nos completar: é outro meio de procurar-se o "tempo perdido". Outro meio de nos sentirmos nos outros – nos que viveram antes de nós; e em cuja vida se antecipou a nossa. É um passado que se estuda tocando em nervos; um passado que emenda com a vida de cada um; uma aventura de sensibilidade, não apenas um esforço de pesquisa pelos arquivos (p.45).

~

O estudo da história íntima de um povo tem alguma coisa de introspecção proustiana... (p.44).

~

A história social da casa-grande é a história íntima de quase todo brasileiro: da sua vida doméstica, conjugal, sob o patriarcalismo escravocrata e polígamo; da sua vida de menino; do seu cristianismo reduzido à religião de família e influenciado pelas crendices da senzala (p.44 – repetida nos temas *Cristianismo* e *Complexo social da casa-grande*).

A DEVASSA DA INQUISIÇÃO

(...) a Inquisição escancarou sobre nossa vida íntima da era colonial, sobre as alcovas com camas que em geral parecem ter sido de couro, rangendo às pressões dos adultérios e dos coitos danados; sobre as camarinhas e os quartos de santos; sobre as relações de brancos com escravos – seu olho enorme, indagador (p.45).

~

As confissões e denúncias reunidas pela visitação do Santo Ofício às partes do Brasil constituem material precioso para o estudo da vida sexual e de família no Brasil dos séculos XVI e XVII (p.45).

~

Indicam-nos [as confissões e denúncias do Santo Ofício] a idade das moças casarem – doze, quatorze anos; o principal regalo e passatempo dos colonos – o jogo de gamão; a pompa dramática das procissões – homens vestidos de Cristo e de figuras da Paixão e devotos com caixas de doce dando de comer aos penitentes (p.45-46).

~

Deixam-nos surpreender [as confissões e denúncias do Santo Ofício], entre as heresias dos cristãos-novos e das santidades, entre os bruxedos e as festas gaiatas dentro das igrejas, com gente alegre sentada pelos altares, entoando trovas e tocando viola, irregularidades na vida doméstica e moral cristã da família – homens casados casando-se outra vez com mulatas, outros pecando contra a natureza com efebos da terra ou da Guiné, ainda outros cometendo com mulheres a torpeza que em moderna linguagem científica se chama, como nos livros clássicos, felação, e que nas denúncias vem descrita com todos os *ff* e *rr...* (p.46).

[Deixam-nos ainda surpreender as confissões e denúncias do Santo Ofício com] desbocados jurando pelo "pentelho da Virgem"; sogras planejando envenenar os genros; cristãos-novos metendo crucifixos por baixo do corpo das mulheres no momento da cópula ou deitando-os nos urinóis; senhores mandando queimar vivas, em fornalhas de engenho, escravas prenhes, as crianças estourando ao calor das chamas (p.46).

BRASIL:
DECEPÇÃO À PRIMEIRA VISTA

O Brasil foi como uma carta de paus puxada em um jogo de trunfo em ouros. Um desapontamento para o imperialismo que se iniciara com a viagem à Índia de Vasco da Gama (p.275).

~

Colônia fundada quase sem vontade, com um sobejo apenas de homens, estilhaços do bloco de gente nobre que só faltou ir inteira do reino para as Índias, o Brasil foi por algum tempo a Nazaré das colônias portuguesas. Sem ouro nem prata. Somente pau-de-tinta e almas para Jesus Cristo (p.322).

~

Nem reis de Cananor nem sobas de Sofala encontraram os descobridores do Brasil com que tratar ou negociar. Apenas morubixabas. Bugres. Gente quase nua e à toa, dormindo em rede ou no chão, alimentando-se de farinha de mandioca, de fruta do mato, de caça ou peixe comido cru ou depois de assado em borralho (p.86).

~

Nas (...) mãos [dos indígenas] não cintilavam pérolas de Cipango nem rubis de Pegu; nem ouro de Sumatra nem sedas de Catar lhes abrilhantavam os corpos cor de cobre, quando muito enfeitados de penas; os pés em vez de tapetes da Pérsia pisavam a areia pura (p.86).

~

Animal doméstico ao (...) serviço [do indígena] não possuíam nenhum. Agricultura, umas ralas plantações de mandioca ou mindubi, de um ou outro fruto (p.86-87).

Cravo, pimenta, âmbar, sândalo, canela, gengibre, marfim, nenhuma substância vegetal ou animal de valor consagrado pelas necessidades e gostos da Europa aristocrática ou burguesa os portugueses encontraram nos trópicos americanos. Isto sem falar no ouro e na prata, mais farejados do que tudo e de que logo se desiludiram os exploradores da nova terra (p.87).

～

País de Cocagne coisa nenhuma: terra de alimentação incerta e vida difícil é que foi o Brasil dos três séculos coloniais. A sombra da monocultura esterilizando tudo. Os grandes senhores rurais sempre endividados. As saúvas, as enchentes, as secas dificultando ao grosso da população o suprimento de víveres (p.100-101 – repetida nos temas *Alimentação* e *Triângulo da dominação: monocultura, aristocratismo, latifúndio*).

～

Os portugueses (...) vieram defrontar-se na América, não com nenhum povo articulado em império ou em sistema já vigoroso de cultura moral e material (...) mas, ao contrário, com uma das populações mais rasteiras do continente (p.157-158 – parte da citação repetida no tema *Plasticidade do português*).

BRASIL: TERRA TROPICAL

Tudo era aqui desequilíbrio. Grandes excessos e grandes deficiências, as da nova terra. O solo, excetuadas as manchas de terra preta ou roxa, de excepcional fertilidade, estava longe de ser o bom de se plantar nele tudo o que se quisesse, do entusiasmo do primeiro cronista. Em grande parte rebelde à disciplina agrícola. Áspero, intratável, impermeável (p.77).

∾

O português vinha encontrar na América tropical uma terra de vida aparentemente fácil; na verdade dificílima para quem quisesse aqui organizar qualquer forma permanente ou adiantada de economia e de sociedade (p.78).

∾

Terra e homem estavam em estado bruto. Suas condições de cultura não permitiam aos portugueses vantajoso intercurso comercial que reforçasse ou prolongasse o mantido por eles com o Oriente (p.86).

∾

Enormes massas de água, é certo, davam grandeza à terra coberta de grosso matagal. Dramatizavam-na. Mas grandeza sem possibilidades econômicas para a técnica e conhecimentos da época (p.87).

∾

Neste ensaio, entretanto, o clima a considerar é o cru e quase que todo-poderoso aqui encontrado pelo português em 1500: clima irregular, palustre, perturbador do sistema digestivo; clima na sua relação com o solo desfavorável ao homem agrícola e particularmente ao europeu, por não permitir nem a prática de sua lavoura tradicional regulada pelas quatro estações do ano nem a cultura vantajosa daquelas plantas alimentares que ele estava desde há muitos séculos habituado (p.76).

Embora o clima já ninguém o considere o senhor-deus-todo-poderoso de antigamente, é impossível negar-se a influência que exerce na formação e no desenvolvimento das sociedades, senão direta, pelos efeitos imediatos sobre o homem, indireta pela sua relação com a produtividade da terra, com as fontes de nutrição, e com os recursos de exploração econômica acessíveis ao povoador (p.75).

～

De modo que o homem já não é o antigo mané-gostoso de carne abrindo os braços ou deixando-os cair, ao aperto do calor ou do frio. Sua capacidade de trabalho, sua eficiência econômica, seu metabolismo alteram-se menos onde a higiene e a engenharia sanitária, a dieta, a adaptação do vestuário e da habitação às novas circunstâncias criam-lhe condições de vida de acordo com o físico e a temperatura da região (p.76).

～

É certo que, deslocando-se a responsabilidade do clima ou da miscigenação para a dieta na acentuação [das] diferenças, não se tem inocentado de todo o primeiro: afinal dele, e das qualidades químicas do solo, é que depende em grande parte o regime alimentar seguido pela população (p.96).

～

Na formação da nossa sociedade, o mau regime alimentar decorrente da monocultura, por um lado, e por outro da inadaptação do clima, agiu sobre o desenvolvimento físico e sobre a eficiência econômica do brasileiro no mesmo mau sentido do clima deprimente e do solo quimicamente pobre (p.96).

Se é certo que nos países de clima quente o homem pode viver sem esforço da abundância de produtos espontâneos, convém, por outro lado, não esquecer que igualmente exuberantes são, nesses países, as formas perniciosas de vida vegetal e animal, inimigas de toda cultura agrícola organizada e de todo trabalho regular e sistemático (p.78).

～

Foi dentro de condições físicas assim adversas que se exerceu o esforço civilizador dos portugueses nos trópicos (p.78).

Antes de vitoriosa a colonização portuguesa do Brasil, não se compreendia outro tipo de domínio europeu nas regiões tropicais que não fosse o da exploração comercial através de feitorias ou da pura extração de riqueza mineral (p.78).

∾

Lavoura e pecuária eram quase impossíveis às (...) margens [dos grandes rios], porque tanto tinha de fácil o estabelecimento quanto de fatal a destruição pelas enchentes, pelas cheias que ou dizimavam as manadas ou corrompiam-lhes o pasto; e em vez de beneficiarem as plantações, destruíam-nas completamente ou em grande parte (p.87).

∾

Sem equilíbrio no volume nem regularidade no curso, variando extremamente em condições de navegabilidade e de utilidade, os rios grandes foram colaboradores incertos – se é que os possamos considerar colaboradores – do homem agrícola na formação econômica e social do nosso país (p.87).

∾

Tendo por base física as águas, ainda que encachoeiradas, dos grandes rios, prolongou-se no brasileiro a tendência colonial do português de derramar-se em vez de condensar-se (p.88).

∾

Muito deve o Brasil agrário aos rios menores porém mais regulares: onde eles docemente se prestaram a moer as canas, a alagar as várzeas, a enverdecer os canaviais, a transportar o açúcar, a madeira e mais tarde o café, a servir aos interesses e às necessidades de populações fixas, humanas e animais, instaladas às suas margens; aí a grande lavoura floresceu, a agricultura latifundiária prosperou, a pecuária alastrou-se (p.87-88).

∾

(...) aos rios menores, tão mais prestadios, falta o estudo que lhes fixe o importante papel civilizador em nossa formação... (p.88).

Os grandes foram por excelência os rios do bandeirante e do missionário, que os subiam vencendo dificuldades de quedas de água e de curso irregular; os outros, os do senhor de engenho, do fazendeiro, do escravo, do comércio de produtos de terra. Aqueles dispersaram o colonizador; os rios menores fixaram-no tornando possível a sedentariedade rural (p.88).

Mata Atlântica:
Complexo do bicho

Por uma espécie de memória social, como que herdada, o brasileiro, sobretudo na infância, quando mais instintivo e menos intelectualizado pela educação europeia, se sente estranhamente próximo da floresta viva, cheia de animais e monstros, que conhece pelos nomes indígenas e, em grande parte, através das experiências e superstições dos índios (p.200 – repetida no tema *Medos, supertições, bruxarias*).

～

Medo que nos comunica o fato de estarmos ainda tão próximos da mata viva e virgem e de sobreviver em nós, diminuído mas não destruído, o animismo indígena (p.201 – repetida no tema *Medos, superstições, bruxarias*).

～

É um interesse quase instintivo, o do menino brasileiro de hoje pelos bichos temíveis. Semelhante ao que ainda experimenta a criança europeia pelas histórias de lobo e de urso; porém muito mais vivo e forte; muito mais poderoso e avassalador na sua mistura de medo e fascinação; embora na essência mais vago (p.201 – repetida no tema *Medos, superstições, bruxarias*).

～

O menino brasileiro do que tem medo não é tanto de nenhum bicho em particular, como do bicho em geral, um bicho que não se sabe bem qual seja, espécie de síntese da ignorância do brasileiro tanto da fauna como da flora do seu país (p.201 – repetida no tema *Medos, superstições, bruxarias*).

Quase toda criança brasileira, mais inventiva ou imaginosa, cria o seu *macobeba*, baseado nesse pavor vago, mas enorme, não de nenhum bicho em particular – nem da cobra, nem da onça, nem da capivara – mas do bicho – do bicho tutu, do bicho carrapatu, do zumbi: em última análise, do Jurupari (p.201 – repetida no tema *Medos, superstições, bruxarias*).

∾

E havia ainda o papa-figo – homem que comia fígado de menino (p.411 – repetida no tema *Medos, superstições, bruxarias*).

∾

E o Quibungo? Este, então, veio inteiro da África para o Brasil. Um bicho horrível. Metade gente, metade animal. Uma cabeça enorme. E no meio das costas um buraco que se abre quando ele abaixa a cabeça. Come os meninos abaixando a cabeça: o buraco do meio das costas se abre e a criança escorrega por ele. E adeus! está no papo do Quibungo (p.411 – repetida no tema *Medos, superstições, bruxarias*).

∾

O Cabeleira, o bandido dos canaviais de Pernambuco, que foi afinal enforcado, é outro que tornou-se quase um fantasma. Quase um Quibungo. Não houve menino pernambucano que do fim da era colonial até os princípios do século XX – o século da luz elétrica, que acabou com tanto mal-assombrado bom, para só deixar os banais (...) – não tremesse de horror ao ouvir o nome de Cabeleira (p.412 – repetida no tema *Medos, superstições, bruxarias*).

∾

No que há de vago no medo do *bicho* se manifesta o fato de sermos ainda, em grande parte, um povo de integração incompleta no *habitat* tropical ou americano... (p.201 – repetida no tema *Medos, superstições, bruxarias*).

∾

(...) mas já a fascinação por tudo o que é história de animais, mesmo assim vagamente conhecidos, o grande número de superstições ligadas a eles, indicam um processo, embora lento, de integração completa no meio; ao mesmo tempo que a sobrevivência de tendências totêmicas e animistas (p.201 – repetida no tema *Medos, superstições, bruxarias*).

~

(...) o próprio jogo de azar, chamado do bicho, tão popular no Brasil, encontra base para tamanha popularidade no resíduo animista e totêmico de cultura ameríndia reforçada depois pela africana (p.206 – repetida no tema *Medos, superstições, bruxarias*).

Colonização:
iniciativa privada

Tudo deixou-se (...) à iniciativa particular. (...) A atitude da Coroa vê-se claramente qual foi: povoar sem ônus os ermos da América. Desbravá-los do mato grosso, defendê-los do corsário e do selvagem, transformá-los em zona de produção, correndo as despesas por conta dos particulares que se atrevessem a desvirginar terra tão áspera (p.324).

~

É verdade que para Portugal a política social exigida pela colonização agrária representava esforço acima de suas possibilidades. Por maior que fosse a elasticidade do português, essas exigências ficavam-lhe superiores aos recursos de gente (p.325).

~

A família, não o indivíduo, nem tampouco o Estado nem nenhuma companhia de comércio, é desde o século XVI o grande fator colonizador no Brasil, a unidade produtiva, o capital que desbrava o solo, instala as fazendas, compra escravos, bois, ferramentas, a força social que se desdobra em política, constituindo-se na aristocracia colonial mais poderosa da América. Sobre ela o rei de Portugal quase que reina sem governar (p.81 – repetida no tema *Família patriarcal: unidade colonizadora*).

~

No Brasil, como nas colônias inglesas de tabaco, de algodão e de arroz da América do Norte, as grandes plantações foram obra não do Estado colonizador, sempre somítico em Portugal, mas de corajosa iniciativa particular (p.80).

Foi a iniciativa particular que, concorrendo às sesmarias, dispôs-se a vir povoar e defender militarmente, como era exigência real, as muitas léguas de terra em bruto que o trabalho negro fecundaria (p.80).

Ancestralidade ibérica

Quanto ao fundo considerado autóctone de população [portuguesa] tão movediça, uma persistente massa de dólicos morenos, cuja cor a África árabe e mesmo negra, alagando de gente sua largos trechos da Península, mais de uma vez veio avivar de pardo ou de preto. Era como se os sentisse intimamente seus por afinidades remotas apenas empalidecidas; e não os quisesse desvanecidos sob as camadas sobrepostas de nórdicos nem transmudados pela sucessão de culturas europeizantes (p.67).

~

[Os] antagonismos em conflito são apenas a parte indigesta da formação portuguesa: a parte maior se mostra harmoniosa nos seus contrastes, formando um todo social plástico, que é o caracteristicamente português (p.278 – repetida nos temas *Plasticidade do português* e *Equilíbrio de antagonismos*).

~

A heterogeneidade étnica e de cultura vamos surpreendê-la nas origens remotas do português (p.278).

~

O ponto a fixar é exatamente o nenhum exclusivismo de tipo no passado étnico do povo português; a sua antropologia mista desde remotos tempos pré e proto-históricos; a extrema mobilidade que lhe tem caracterizado a formação social (p.280).

~

A indecisão étnica e cultural entre a Europa e a África parece ter sido sempre a mesma em Portugal como em outros trechos da Península. Espécie de bicontinentalidade que correspondesse em população assim vaga e incerta à bissexualidade no indivíduo (p.67 – repetida no tema *Plasticidade do português*).

Com relação a Portugal, deve-se salientar que seus começos foram todos agrários; agrária a sua formação nacional depois pervertida pela atividade comercial dos judeus e pela política imperialista dos reis. Agrário também o seu primeiro comércio de exportação de produtos da terra: azeite, mel, vinho, trigo (p.310).

≈

As causas [do] empobrecimento parecem-nos mais profundas e complexas. Ele reflete a situação de miséria geral que criou para as Espanhas o abandono da agricultura, sacrificada pelas aventuras marítimas e comerciais... (p.315).

≈

O mal vinha de raízes mais fundas. Do declínio da agricultura causado pelo desenvolvimento anormalíssimo do comércio marítimo. Do empobrecimento da terra depois de abandonada pelos mouros. Do parasitismo judeu (p.317).

≈

Engana-se, ao nosso ver, quem supõe ter o português se corrompido na colonização da África, da Índia e do Brasil. Quando ele projetou por dois terços do mundo sua grande sombra de escravocrata, já suas fontes de vida e de saúde econômica se achavam comprometidas. Seria ele o corruptor, e não a vítima. Comprometeu-o menos o esforço, de fato extenuante para povo tão reduzido, da colonização dos trópicos, que a vitória, no próprio reino, dos interesses comerciais sobre os agrícolas (p.319).

≈

O comércio marítimo precedeu ao imperialismo colonizador e é provável que, independente deste, só pelos desmandos daquele, Portugal se tivesse arruinado como país agrícola e economicamente autônomo. A escravidão que o corrompeu não foi a colonial mas a doméstica. A de negros de Guiné que emendou com a de cativos mouros (p.319).

≈

O mar não teria determinado sozinho a independência nem o comercialismo português. Pode-se, ao contrário, salientar que Portugal quebrou a solidariedade peninsular fazendo da agricultura e não do comércio marítimo sua base principal de autonomia política (p.321).

~

(...) foram as igualdades e não as diferenças econômicas que separaram Portugal da Espanha. O excesso de semelhanças e não o de diferenças (p.321).

~

(...) pode-se concluir que a gente portuguesa atravessou nos seus começos, antes de transformar-se em potência marítima, um período de alimentação equilibrada que talvez explique muito da sua eficiência e das suas superiores qualidades de arrojo e de iniciativa até o século XVI (p.315).

~

O fato é que os observadores da vida peninsular nos tempos modernos, depois das conquistas, dos descobrimentos, da expulsão dos mouros e dos mouriscos, é que são os mais insistentes em salientar a extrema parcimônia da alimentação portuguesa ou espanhola (p.317).

~

No século XVII a fome chegaria até os palácios: a embaixatriz de França em Madri nessa época diz ter estado com oito ou dez camaristas que há tempo não sabiam o que era comer carne. Morria-se de fome pelas ruas (p.317).

~

(...) a indagação [histórica] levada mais longe, aos antecedentes do colonizador europeu do Brasil, mesmo dos colonos de prol, revela-nos no peninsular dos séculos XV e XVI (...) um povo profundamente perturbado no seu vigor físico e na sua higiene por um pernicioso conjunto de influências econômicas e sociais. Uma delas, de natureza religiosa: o abuso dos jejuns (p.104).

Os jejuns devem ser tomados na devida conta por quem estude o regime de alimentação do povo português, sobretudo durante os séculos em que sua vida doméstica andou mais duramente fiscalizada pelo olhar severo da Inquisição. Da Inquisição e do jesuíta. Dois olhos tirânicos, fazendo as vezes dos de Deus. Fiscalizando tudo (p.316).

~

É possível que correspondessem aos jejuns e aos frequentes dias de comida de peixe, fortes razões de Estado. Os jejuns terão contribuído para o equilíbrio entre os limitados víveres frescos e as necessidades da população. Estimulava-se o povo ao regime de peixe seco e de artigos de conserva, em grande número importados do estrangeiro (p.316).

~

O foral de Gaia, conferido por Afonso III em 1255, deixa entrever que já nos tempos afonsinos, de relativa saúde econômica, o peixe seco ou salgado avultava no regime da alimentação portuguesa (p.316).

~

Mas [o] exagerado consumo de peixe seco, com deficiência do de carne fresca e de leite, acentuou-se com o declínio da agricultura em Portugal. E deve ter contribuído de maneira considerável para a redução da capacidade econômica do português, depois do século XV. Fato por alguns vagamente atribuído à decadência de raça; por outros à Inquisição (p.316).

~

Parece-nos, porém, fora de dúvida que o apelo religioso às virtudes de temperança, frugalidade e abstinência; a disciplina eclesiástica contendo no povo o apetite de mesa farta, reduzindo-o ao mínimo, soltando-o apenas nos dias de festas e sufocando-o nos de preceito – consciente ou inconscientemente agiram no interesse de equilíbrio entre os limitados meios de subsistência e os apetites e necessidades da população. De maneira que a crítica, não é o clero ou a Igreja que a merece (p.317).

A carestia da vida sofriam-na, entretanto, os portugueses de preferência na sua vida íntima, simulando fora de casa ar e fausto de fidalgos. Em casa, jejuando e passando necessidades; na rua, ostentando grandeza (p.318).

~

Mas toda essa opulência de roupa e criadagem na rua à custa de verdadeiro ascetismo dentro de casa. Esse brilho de vestuário à custa de verdadeira indigência na alimentação. Da falta absoluta de conforto doméstico. Ou então à custa de dívidas (p.318-319).

~

Muito se tem falado do caráter oceânico do território português como o irresistível motivo de ter o povo lusitano abandonado a vida agrícola pela de comércio e conquistas ultramarinas. O mercantilismo português, como a própria independência do reino, teria sido inevitável consequência de condições geográficas (p.321).

~

(...) as condições geográficas não determinam de modo absoluto o desenvolvimento de um povo; nem hoje se acredita na peculiaridade geográfica ou étnica de Portugal em relação ao conjunto peninsular. A própria oceanidade do território português em oposição à continentalidade da Espanha não constitui senão fator insignificante de diferenciação... (p.321).

~

Predisposto pela sua situação geográfica a ponto de contato, de trânsito, de intercomunicação e de conflito entre elementos diversos, quer étnicos, quer sociais, Portugal acusa em sua antropologia, tanto quanto em sua cultura, uma grande variedade de antagonismos, uns em equilíbrio, outros em conflito (p.278).

~

Para a formidável tarefa de colonizar uma extensão como o Brasil, teve Portugal de valer-se no século XVI do resto de homens que lhe deixara a aventura da Índia. E não seria com esse sobejo de gente, quase toda miúda, em grande parte plebeia e, além do mais, moçárabe, isto é, com a consciência de raça ainda mais fraca que nos portugueses fidalgos ou nos do Norte, que se estabeleceria na América um domínio português exclusivamente branco ou rigorosamente europeu (p.161 – repetida no tema *Plasticidade do português*).

∿

(...) Portugal, desde seus mais remotos tempos históricos, foi um país em crise de gente. As condições disgênicas de região de trânsito – pestes, epidemias, guerras – acrescidas das de meio físico em largos trechos desfavorável à vida humana e à estabilidade econômica – secas, terremotos, inundações – encarregaram-se de conservar a população rente com as necessidades nacionais... (p.325).

∿

Desde quando a economia portuguesa deixou-se empolgar pela fúria parasitária de explorar e transportar riqueza, em vez de produzi-la, não é fácil de dizer-se com precisão. Dois Portugais antagônicos coexistiram por algum tempo, baralhando-se e confundindo-se, na fervura das guerras e revoluções, antes de vencer o Portugal burguês e comercial (p.320).

∿

Quando em 1532 se organizou econômica e civilmente a sociedade brasileira, já foi depois de um século inteiro de contato dos portugueses com os trópicos; de demonstrada na Índia e na África sua aptidão para a vida tropical (p.65).

∿

Há muito que descontar nas pretensões de grandeza do português. Desde fins do século XVI ele vive parasitariamente de um passado cujo esplendor exagera (p.267 – repetida no tema *Saudosismo*).

∿

Longe de conformar-se com uma viuvez honesta, de nação decaída – como mais tarde a Holanda, que depois de senhora de vasto império entregou-se ao fabrico do queijo e da manteiga – continuou Portugal, após Alcácer-Quebir, a supor-se o Portugal opulento de D.

Sebastião vivo. A alimentar-se da fama adquirida nas conquistas de ultramar. A iludir-se de uma mística imperialista já sem base. A envenenar-se da mania de grandeza (p.268 – repetida no tema *Saudosismo*).

~

É um povo [o português] que vive a fazer de conta que é poderoso e importante. Que é supercilivizado à europeia. Que é grande potência colonial (p.268 – repetida no tema *Saudosismo*).

~

Portugal continua de ponta de pé, no esforço de aparecer entre as grandes potências europeias (p.268 – repetida no tema *Saudosismo*).

Mosteiros portugueses: elite intelectual e agrária

Durante os tempos indecisos de luta com os mouros foi principalmente à sombra das abadias e dos grandes mosteiros que se refugiou a agricultura, sob o cuidado dos monges. No interior dos claustros refugiaram-se indústrias e artes (p.311).

∾

Os frades não foram em Portugal as simples montanhas de carne, asfixiantes e estéreis, em que alguns se deliciam em caricaturá-los. Na formação agrária do tempo dos afonsinos foram eles o elemento mais criador e mais ativo. Eles e os reis (p.312).

∾

Até trigo exportara Portugal na sua fase agrária, de saúde econômica; aquela em que maior foi a ação dos mosteiros (p.312).

∾

O Portugal que chegara a exportar trigo para a Inglaterra tornou-se, na sua fase de mercantilismo, o importador de tudo para a sua mesa – menos sal, vinho e azeite. Do estrangeiro vinham trigo, centeio, queijo, manteiga, ovos, galinha. A não ser para os últimos redutos de produção agrícola e portanto de alimentação fresca e sadia. Esses redutos foram os conventos (p.313).

∾

Por onde se vê que não deixou de ter motivos Ramalho Ortigão para desenvolver curiosa teoria sobre os frades em Portugal e a profunda influência dos conventos no progresso do país. Os frades, argumentava Ramalho Ortigão, tendo constituído por vários séculos a classe pensante da nação, uma vez extintas as ordens religiosas, a civilização portuguesa ficou acéfala. Nenhuma outra classe herdou-lhe a preponderância intelectual (p.313).

~

Resultado, concluía Ortigão, da alimentação regular e perfeita dos frades; da irregular e imperfeita das outras classes, prejudicadas na sua capacidade de trabalho e estudo pela insuficiência alimentar (p.313).

~

Ao lado da tradição moura, foi a influência dos frades, grandes agricultores, a força que em Portugal mais contrariou a dos judeus. Se mais tarde o parasitismo invadiu até os conventos é que nem a formidável energia dos monges pôde remar contra a maré. Contra o oceano Atlântico – diga-se literalmente. Tanto mais que no sentido do grande oceano, e das aventuras ultramarinas de imperialismo e de comércio, remavam os fortes interesses israelistas, tradicionalmente marítimos e antiagrários (p.312 – parte da citação repetida no tema *Influência moura* e completa no tema *Mística judaica*).

PLASTICIDADE DO PORTUGUÊS

Para a formidável tarefa de colonizar uma extensão como o Brasil, teve Portugal de valer-se no século XVI do resto de homens que lhe deixara a aventura da Índia. E não seria com esse sobejo de gente, quase toda miúda, em grande parte plebeia e, além do mais, moçárabe, isto é, com a consciência de raça ainda mais fraca que nos portugueses fidalgos ou nos do Norte, que se estabeleceria na América um domínio português exclusivamente branco ou rigorosamente europeu (p.161 – repetida no tema *Ancestralidade ibérica*).

∼

[Os] antagonismos em conflito são apenas a parte indigesta da formação portuguesa: a parte maior se mostra harmoniosa nos seus contrastes, formando um todo social plástico, que é o caracteristicamente português (p.278 – repetida nos temas *Equilíbrio de antagonismos* e *Ancestralidade ibérica*).

∼

(...) mestiços com duas cores de pelo é que formaram, ao nosso ver, a maioria dos portugueses colonizadores do Brasil, nos séculos XVI e XVII; e não nenhuma elite loura ou nórdica, branca pura: nem gente toda morena e de cabelo preto. (...) Gente mista na sua antropologia e na sua cultura (p.281).

∼

O sistema patriarcal de colonização portuguesa do Brasil, representado pela casa-grande, foi um sistema de plástica contemporização entre (...) duas tendências. Ao mesmo tempo que exprimiu uma imposição imperialista da raça adiantada à atrasada, uma imposição de formas europeias (já modificadas pela experiência asiática e africana do colonizador) ao meio tropical, representou uma contemporização com as novas condições de vida e de ambiente (p.35).

E gente mais flutuante que a portuguesa, dificilmente se imagina; o bambo equilíbrio de antagonismos reflete-se em tudo o que é seu, dando-lhe ao comportamento uma fácil e frouxa flexibilidade, (...) e ao caráter uma especial riqueza de aptidões... (p.67-68).

≈

O que se sente [no] desadoro de antagonismos são as duas culturas, a europeia e a africana, a católica e a maometana, a dinâmica e a fatalista encontrando-se no português, fazendo dele, de sua vida, de sua moral, de sua economia, de sua arte um regime de influências que se alternam, se equilibram ou se hostilizam (p.69 – repetida no tema *Equilíbrio de antagonismos*).

≈

A dualidade na cultura e no caráter dos portugueses acentuara-se sob o domínio mouro... (p.285).

≈

(...) tudo sofreu restrição ou refração em um Portugal influenciado pela África, condicionado pelo clima africano, solapado pela mística sensual do islamismo (p.67).

≈

A singular predisposição do português para a colonização híbrida e escravocrata dos trópicos, explica-a em grande parte o seu passado étnico, ou antes, cultural, de povo indefinido entre a Europa e a África. Nem intransigentemente de uma nem de outra, mas das duas (p.66 – repetida no tema *Sociedades híbridas*).

≈

A Europa reinando mas sem governar; governando antes a África (p.66).

≈

A indecisão étnica e cultural entre a Europa e a África parece ter sido sempre a mesma em Portugal como em outros trechos da Península. Espécie de bicontinentalidade que correspondesse em população assim vaga e incerta à bissexualidade no indivíduo (p.67 – repetida no tema *Ancestralidade ibérica*).

A mobilidade foi um dos segredos da vitória portuguesa; sem ela não se explicaria ter um Portugal quase sem gente, um pessoalzinho ralo, insignificante em número (...) conseguido salpicar virilmente do seu resto de sangue e de cultura populações tão diversas e a tão grandes distâncias uma das outras: na Ásia, na África, na América, em numerosas ilhas e arquipélagos (p.70).

~

A escassez de capital-homem, supriram-na os portugueses com extremos de mobilidade e miscibilidade: dominando espaços enormes e onde quer que pousassem, na África ou na América, emprenhando mulheres e fazendo filhos... (p.70).

~

(...) em país nenhum, dos modernos, tem sido maior a mobilidade de uma classe para outra e, digamos assim, de uma raça para outra, do que em Portugal (p.286).

~

(...) resultou em Portugal uma nobreza quase tão mesclada de raça quanto a burguesia ou a plebe. Porque a mobilidade de famílias e indivíduos de uma classe para outra foi constante. Impossível concluir por estratificações étnico-sociais em um povo que se conservou tão plástico e inquieto (p.287).

~

Depois de cinco séculos não se haviam estratificado as classes sociais em Portugal em exclusivismos intransponíveis (p.295).

~

(...) a sociedade portuguesa móvel e flutuante como nenhuma outra, constit[uiu]-se e desenvolv[eu]-se por uma intensa circulação tanto vertical como horizontal de elementos os mais diversos na procedência (p.295).

O que sucedeu com os mouros, verificou-se também, até certo ponto, com os judeus. De uns e de outros deixou-se penetrar, em suas várias camadas, a sociedade portuguesa. E nunca (...) as classes estratificaram-se em Portugal a ponto de simplesmente pelo nome de pessoa ou família poder identificar-se o nobre ou o plebeu, o judeu ou o cristão, o hispano ou o mouro (p.293 – repetida nos temas *Influência moura* e *Mística judaica*).

~

Quanto à miscibilidade, nenhum povo colonizador, dos modernos, excedeu ou sequer igualou nesse ponto aos portugueses (p.70).

~

A miscibilidade, mais do que a mobilidade, foi o processo pelo qual os portugueses compensaram-se da deficiência em massa ou volume humano para a colonização em larga escala e sobre áreas extensíssimas (p.70-71).

~

Muitos dos primeiros povoadores não fizeram senão dissolver-se no meio da população nativa (p.111).

~

(...) independente da falta ou escassez de mulher branca o português sempre pendeu para o contato voluptuoso com mulher exótica. Para o cruzamento e miscigenação. Tendência que parece resultar da plasticidade social, maior no português que em qualquer outro colonizador europeu (p.265 – repetida no tema *Português: ideal de beleza feminina*).

~

A deformação do português tem sido sempre em sentido horizontal. O achatamento. O arredondamento. O exagero da carne em enxúndia (p.266).

~

(...) furor [o do português] de don-juan das senzalas desadorado atrás de negras e molecas (p.266 – repetida no tema *Sexualidade*).

Outra circunstância ou condição favoreceu o português, tanto quanto a miscibilidade e a mobilidade, na conquista de terras e no domínio de povos tropicais: a aclimatabilidade (p.72).

~

Estava assim o português predisposto pela sua mesma mesologia ao contato vitorioso com os trópicos... (p.72).

~

Ao contrário da aparente incapacidade dos nórdicos, é que os portugueses têm revelado tão notável aptidão para se aclimatarem em regiões tropicais. É certo que através de muito maior miscibilidade que os outros europeus... (p.73).

~

O português não: por todas [as] felizes predisposições de raça, de mesologia e de cultura (...), não só conseguiu vencer as condições de clima e de solo desfavoráveis ao estabelecimento de europeus nos trópicos, como suprir a extrema penúria de gente branca para a tarefa colonizadora unindo-se com mulher de cor (p.74).

~

Embora mais aproximado o português que qualquer colonizador europeu da América do clima e das condições tropicais, foi, ainda assim, uma rude mudança a que ele sofreu transportando-se ao Brasil (p.77).

~

O colonizador português do Brasil foi o primeiro entre os colonizadores modernos a deslocar a base da colonização tropical da pura extração de riqueza mineral, vegetal ou animal – o ouro, a prata, a madeira, o âmbar, o marfim – para a de criação local de riqueza (p.79).

~

Os portugueses, além de menos ardentes na ortodoxia que os espanhóis e menos estritos que os ingleses nos preconceitos de cor e de moral cristã, vieram defrontar-se na América, não com nenhum povo articulado em império ou em sistema já vigoroso de cultura moral e material (...) mas, ao contrário, com uma das populações mais rasteiras do continente (p.157-158 – parte da citação repetida no tema *Brasil: decepção à primeira vista*).

≈

Os portugueses não trazem para o Brasil nem separatismos políticos, como os espanhóis para o seu domínio americano, nem divergências religiosas, como os ingleses e franceses para as suas colônias (p.90).

≈

O escravocrata terrível que só faltou transportar da África para a América, em navios imundos, que de longe se adivinhavam pela inhaca, a população inteira de negros, foi por outro lado o colonizador europeu que melhor confraternizou com as raças chamadas inferiores. O menos cruel nas relações com os escravos (p.265 – repetida no tema *A alternativa portuguesa*).

≈

Há tanto que criticar na política dos colonizadores portugueses no Brasil que para acusá-los de erros tremendos não é necessário recorrer à imaginação; e fazer do tipo mais complacente e plástico do europeu um exclusivista feroz, cheio de preconceitos de raça que nunca teve no mesmo grau elevado dos outros (p.503 – repetida no tema *A alternativa portuguesa*).

≈

E nenhum antecedente social mais importante a considerar no colonizador português que a sua extraordinária riqueza e variedade de antagonismos étnicos e de cultura; que o seu cosmopolitismo (p.276 – repetida no tema *Equilíbrio de antagonismos*).

≈

Não é pelo estudo do português moderno, já tão manchado de podre, que se consegue uma ideia equilibrada e exata do colonizador do Brasil... (p.266).

(...) a formação brasileira tem sido, na verdade, (...) um processo de equilíbrio de antagonismos. Antagonismos de economia e de cultura. A cultura europeia e a indígena. A europeia e a africana. A africana e a indígena. A economia agrária e a pastoril. A agrária e a mineira. O católico e o herege. O jesuíta e o fazendeiro. O bandeirante e o senhor de engenho. O paulista e o emboaba. O pernambucano e o mascate. O grande proprietário e o pária. O bacharel e o analfabeto. Mas predominando sobre todos os antagonismos, o mais geral e o mais profundo: o senhor e o escravo (p.116 – repetida no tema *Equilíbrio de antagonismos*).

∼

[O português] Não falhou, antes fundou a maior civilização moderna nos trópicos (p.267).

∼

De qualquer modo o certo é que os portugueses triunfaram onde outros europeus falharam... (p.73 – repetida no tema *Sociedades híbridas*).

∼

(...) de formação portuguesa é a primeira sociedade moderna constituída nos trópicos com característicos nacionais e qualidades de permanência (p.73).

A ALTERNATIVA PORTUGUESA

Para a escravidão (...) não necessitava o português de nenhum estímulo. Nenhum europeu mais predisposto ao regime de trabalho escravo do que ele (p.322).

~

No caso brasileiro, porém, parece-nos injusto acusar o português de ter manchado, com instituição que hoje tanto nos repugna, sua obra grandiosa de colonização tropical. O meio e as circunstâncias exigiram o escravo. A princípio o índio. Quando este, por incapaz e molengo, mostrou não corresponder às necessidades da agricultura colonial – o negro (p.322).

~

Sentiu o português com o seu grande senso colonizador, que para completar-lhe o esforço de fundar agricultura nos trópicos – só o negro. O operário africano. Mas o operário africano disciplinado na sua energia intermitente pelos rigores da escravidão (p.322).

~

A saúva sozinha, sem outra praga, nem dano, teria vencido o colono lavrador; devorando-lhe a pequena propriedade do dia para a noite; consumindo-lhe em curtas horas o difícil capital de instalação; o esforço penoso de muitos meses (p.323).

~

Tenhamos a honestidade de reconhecer que só a colonização latifundiária e escravocrata teria sido capaz de resistir aos obstáculos enormes que se levantaram à civilização do Brasil pelo europeu. Só a casa-grande e a senzala. O senhor de engenho rico e o negro capaz de esforço agrícola e a ele obrigado pelo regime de trabalho escravo (p.323).

O escravocrata terrível que só faltou transportar da África para a América, em navios imundos, que de longe se adivinhavam pela inhaca, a população inteira de negros, foi por outro lado o colonizador europeu que melhor confraternizou com as raças chamadas inferiores. O menos cruel nas relações com os escravos (p.265 – repetida no tema *Plasticidade portuguesa*).

~

Há tanto que criticar na política dos colonizadores portugueses no Brasil que para acusá-los de erros tremendos não é necessário recorrer à imaginação; e fazer do tipo mais complacente e plástico do europeu um exclusivista feroz, cheio de preconceitos de raça que nunca teve no mesmo grau elevado dos outros (p.503 – repetida no tema *Plasticidade portuguesa*).

Influência moura

A escravidão a que foram submetidos os mouros e até moçárabes, após a vitória cristã, foi o meio pelo qual se exerceu sobre o português decisiva influência não só particular do mouro, do maometano, do africano, mas geral, do escravo. Influência que o predispõe como nenhuma outra para a colonização agrária, escravocrata e polígama – patriarcal, enfim – da América tropical (p.285).

≈

O que a cultura peninsular, no largo trecho em que se exerceu o domínio árabe ou mouro – ou onde se verificou a escravidão de cativos africanos, uma vez revezados os papéis de senhor e de escravo – guardou da cultura dos invasores é o que hoje mais diferencia e individualiza esta parte da Europa (p.287).

≈

As condições físicas da parte da América que tocou aos portugueses exigiram dele um tipo de colonização agrária e escravocrata. Sem a experiência moura, o colonizador teria provavelmente fracassado nessa tarefa formidável. Teria fracassado, impotente para corresponder a condições tão fora da sua experiência propriamente europeia (p.285).

≈

(...) foi o mouro a grande força operária em Portugal. O técnico. O lavrador. Ele quem deu às cousas sua maior e melhor utilização econômica. Quem valorizou a terra. Quem a salvou das secas por meio de inteligente irrigação. Não só a oliveira foi aumentada de valor e utilidade pela ciência dos mouros; também as vinhas. Além do que foram eles que trouxeram à Península a laranjeira, o algodão e o bicho-da--seda (p.289).

O mouro forneceu ao colonizador do Brasil os elementos técnicos de produção e utilização econômica da cana (p.289).

~

Dos mouros (...) muito aproveitara a terra portuguesa. Sobretudo o Sul, necessitado de irrigação e tornado zona produtiva pela ciência dos invasores (p.310).

~

(...) significativo é o verbo mourejar ter-se tornado sinônimo de trabalhar em língua portuguesa; significativa a frase, tão comum em Portugal e no Brasil, "trabalhar como mouro" (p.289).

~

Compreende-se que os fundadores da lavoura de cana no trópico americano se tivessem impregnado, em condições de meio físico tão adversas ao seu esforço, do preconceito de que "trabalho é só pra negro". Mas já seus avós, vivendo em clima suave, haviam transformado o verbo *trabalhar* em *mourejar* (p.319-320 – repetida nos temas *Ação deletéria da escravidão* e *Triângulo da dominação: monocultura, aristocratismo, latifúndio*).

~

(...) traço de influência moura que se pode identificar no Brasil: o ideal de mulher gorda e bonita de que tanto se impregnaram as gerações coloniais e do Império (p.299 – repetida no tema *Português: ideal de beleza feminina*).

~

O longo contato com os sarracenos deixara idealizada entre os portugueses a figura da moura-encantada, tipo delicioso de mulher morena e de olhos pretos, envolta em misticismo sexual – sempre de encarnado, sempre penteando os cabelos ou banhando-se nos rios ou nas águas das fontes mal-assombradas – que os colonizadores vieram encontrar parecido, quase igual, entre as índias nuas e de cabelos soltos do Brasil (p.71 – repetida no tema *Português: ideal de beleza feminina*).

Em oposição à lenda da moura-encantada, mas sem alcançar nunca o mesmo prestígio, desenvolveu-se a da moura-torta. Nesta vazou-se porventura o ciúme ou a inveja sexual da mulher loura contra a de cor. Ou repercutiu, talvez, o ódio religioso: o dos cristãos louros descidos do Norte contra os infiéis de pele escura (p.71 – repetida no tema *Português: ideal de beleza feminina*).

~

Das religiões pagãs, mas também da de Maomé, conservou como nenhum outro cristianismo na Europa o gosto de carne. Cristianismo em que o Menino Deus se identificou com o próprio Cupido e a Virgem Maria e os Santos com os interesses de procriação, de geração e de amor mais do que com os de castidade e de ascetismo. Neste ponto o cristianismo português pode-se dizer que excedeu ao próprio maometanismo (p.302 – repetida nos temas *Sexualidade* e *Cristianismo*).

~

No culto ao Menino Jesus, à Virgem, aos Santos, reponta sempre no cristianismo português a nota idílica e até sensual. O amor ou o desejo humano. Influência do maometanismo parece que favorecida pelo clima doce e como que afrodisíaco de Portugal (p.302 – repetida nos temas *Sexualidade* e *Cristianismo*).

~

[Traço de influência moura]: o gosto dos voluptuosos banhos de gamela ou de "canoa"; o gosto da água corrente cantando nos jardins das casas-grandes (p.299 – repetida no tema *Higiene*).

~

O contraste da higiene verdadeiramente felina dos maometanos com a imundície dos cristãos, seus vencedores, é traço que aqui se impõe destacar (p.301 – repetida no tema *Higiene*).

~

(...) o hábito das mulheres irem à missa de mantilha, o rosto quase tapado, como o das mulheres árabes (p.299 – repetida no tema *Indumentária*).

Nos séculos XVI, XVII e XVIII os rebuços e mantilhas predominam por todo o Brasil, dando às modas femininas um ar mais oriental que europeu. Os rebuços eram uma espécie de "dominós pretos", "mantilhas fúnebres em que se andam amortalhadas muitas das beldades portuguesas"... (p.299 – repetida no tema *Indumentária*).

∼

E não esqueçamos de que nossas avós coloniais preferiram sempre ao requinte europeu das poltronas e dos sofás estofados, o oriental, dos tapetes e das esteiras. Em casa e até nas igrejas era sobre os tapetes de seda ou as frescas esteiras de pipiri que se sentavam, de pernas cruzadas à mourisca, os pezinhos tapados pela saia (p.299).

∼

Diversos outros valores materiais, absorvidos da cultura moura ou árabe pelos portugueses, transmitiram-se ao Brasil: a arte do azulejo que tanto relevo tomou em nossas igrejas, conventos, residências, banheiros, bicas e chafarizes; a telha mourisca; a janela quadriculada ou em xadrez; a gelosia; o abalcoado; as paredes grossas. Também o conhecimento de vários quitutes e processos culinários; certo gosto pelas comidas oleosas, gordas, ricas em açúcar. O cuscuz, hoje tão brasileiro, é de origem norte-africana (p.299).

∼

O azulejo quase se transformou, para os cristãos, em tapete decorativo de que o hagiológio tirou o melhor partido na decoração piedosa das capelas, dos claustros e das residências. Guardou, porém, pela própria natureza do seu material, as qualidades higiênicas, caracteristicamente árabes e mouriscas, de frescura, lustro fácil e limpeza (p.300 – repetida nos temas *Cristianismo* e *Higiene*).

∼

Os azulejos, de desenhos assexuais entre os maometanos, animaram-se de formas quase afrodisíacas nos claustros dos conventos e nos rodapés das sacristias. De figuras nuas. De meninozinhos-Deus em que as freiras adoraram muitas vezes o deus pagão do amor de preferência ao Nazareno triste e cheio de feridas que morreu na cruz (p.302 – repetida nos temas *Cristianismo* e *Sexualidade*).

A casa portuguesa do sul, sempre calada de fresco, contrasta pela sua alvura franciscana com a dos portugueses do norte e do centro – suja, feia, emporcalhada. Influência evidente do mouro no sentido da claridade e da alegre frescura da higiene doméstica. Por dentro, o mesmo contraste. Faz gosto entrar numa casa do sul, onde o trem de cozinha espelha nas paredes; onde se tem uma impressão deliciosa de louça limpa e de toalhas lavadas (p.301 – repetida no tema *Higiene*).

≈

Devemos fixar outra influência moura sobre a vida e o caráter português: a da moral maometana sobre a moral cristã (p.302).

≈

Notou o abade Étienne que o islamismo ramificou-se no Brasil em seita poderosa, florescendo no escuro das senzalas. Que da África vieram mestres e pregadores a fim de ensinarem a ler no árabe os livros do Alcorão. Que aqui funcionaram escolas e casas de oração maometanas (p.393).

≈

Forçosamente o catolicismo no Brasil haveria de impregnar-se dessa influência maometana como se impregnou da animista e fetichista, dos indígenas e dos negros menos cultos (p.394 – repetida no tema *Cristianismo*).

≈

E é possível que certa predisposição de negros e mestiços para o protestantismo, inimigo da missa, dos santos, dos rosários com a cruz, se explique pela persistência de remotos preconceitos anticatólicos, de origem maometana (p.394 – repetida no tema *Cristianismo*).

≈

O catolicismo das casas-grandes aqui se enriqueceu de influências muçulmanas contra as quais tão impotente foi o padre-capelão quanto o padre-mestre contra as corrupções do português pelos dialetos indígenas e africanos (p.395 – repetida no tema *Cristianismo*).

Os negros maometanos no Brasil não perderam, uma vez distribuídos pelas senzalas das casas-grandes coloniais, o contato com a África. Não perderam-no aliás os negros fetichistas das áreas de cultura africana mais adiantada (p.395).

～

Os Nagô, por exemplo, do reino de Ioruba, deram-se ao luxo de importar, tanto quanto os maometanos, objetos de culto religioso e de uso pessoal. Noz-de-cola, cauris, pano e sabão da costa, azeite de dendê (p.395).

～

Na Bahia, no Rio de Janeiro, no Recife, em Minas, o trajo africano, de influência maometana, permaneceu longo tempo entre os pretos. Principalmente entre as pretas doceiras; e entre as vendedeiras de aluá. Algumas delas amantes de ricos negociantes portugueses e por eles vestidas de seda e cetim. Cobertas de quimbembeques. De joias e cordões de ouro. Figas da Guiné contra o mau-olhado. Objetos de culto fálico. Fieiras de miçangas. Colares de búzios. Argolões de ouro atravessados nas orelhas (p.396 – repetida no tema *Indumentária*).

～

Ainda hoje se encontram pelas ruas da Bahia negras de doce com os seus compridos xales de pano da costa. Por cima das muitas saias de baixo, de linho alvo, a saia nobre, adamascada, de cores vivas. Os peitos gordos, em pé, parecendo querer pular das rendas do cabeção. Teteias. Figas. Pulseiras. Rodilha ou turbante muçulmano. Chinelinha na ponta do pé. Estrelas marinhas de prata. Braceletes de ouro (p.396 – repetida no tema *Indumentária*).

～

De modo que a sombra do mouro, sua grande figura de criador e não apenas explorador de valores, projetou-se beneficamente, sobre os começos da economia agrária brasileira (p.290).

～

Ao lado da tradição moura, foi a influência dos frades, grandes agricultores, a força que em Portugal mais contrariou a dos judeus.

(p.312 – citação repetida, completa e acrescida nos temas *Mística judaica* e *Mosteiros portugueses: elite intelectual e agrária*).

～

O que sucedeu com os mouros, verificou-se também, até certo ponto, com os judeus. De uns e de outros deixou-se penetrar, em suas várias camadas, a sociedade portuguesa. E nunca (...) as classes estratificaram-se em Portugal a ponto de simplesmente pelo nome de pessoa ou família poder identificar-se o nobre ou o plebeu, o judeu ou o cristão, o hispano ou o mouro (p.293 – repetida nos temas *Plasticidade do português* e *Mística judaica*).

PORTUGUÊS:
IDEAL DE BELEZA FEMININA

(...) independente da falta ou escassez de mulher branca o português sempre pendeu para o contato voluptuoso com mulher exótica. Para o cruzamento e miscigenação. Tendência que parece resultar da plasticidade social, maior no português que em qualquer outro colonizador europeu (p.265 – repetida no tema *Plasticidade do português*).

~

O longo contato com os sarracenos deixara idealizada entre os portugueses a figura da moura-encantada, tipo delicioso de mulher morena e de olhos pretos, envolta em misticismo sexual – sempre de encarnado, sempre penteando os cabelos ou banhando-se nos rios ou nas águas das fontes mal-assombradas – que os colonizadores vieram encontrar parecido, quase igual, entre as índias nuas e de cabelos soltos do Brasil (p.71 – repetida no tema *Influência moura*).

~

Em oposição à lenda da moura-encantada, mas sem alcançar nunca o mesmo prestígio, desenvolveu-se a da moura-torta. Nesta vazou-se porventura o ciúme ou a inveja sexual da mulher loura contra a de cor. Ou repercutiu, talvez, o ódio religioso: o dos cristãos louros descidos do Norte contra os infiéis de pele escura (p.71 – repetida no tema *Influência moura*).

~

(...) traço de influência moura que se pode identificar no Brasil: o ideal de mulher gorda e bonita de que tanto se impregnaram as gerações coloniais e do Império (p.299 – repetida no tema *Influência moura*).

Pode-se, entretanto, afirmar que a mulher morena tem sido a preferida dos portugueses para o amor, pelo menos para o amor físico (p.71).

∼

Com relação ao Brasil, que o diga o ditado: "Branca para casar, mulata para f..., negra para trabalhar"; ditado em que se sente, ao lado do convencionalismo social da superioridade da mulher branca e da inferioridade da preta, a preferência sexual pela mulata. Aliás o nosso lirismo amoroso não revela outra tendência senão a glorificação da mulata... (p.72).

SOCIEDADES HÍBRIDAS

A singular predisposição do português para a colonização híbrida e escravocrata dos trópicos, explica-a em grande parte o seu passado étnico, ou antes, cultural, de povo indefinido entre a Europa e a África. Nem intransigentemente de uma nem de outra, mas das duas (p.66 – repetida no tema *Plasticidade do português*).

~

(...) as sociedades coloniais de formação portuguesa têm sido todas híbridas, umas mais, outras menos (p.73).

~

De qualquer modo o certo é que os portugueses triunfaram onde outros europeus falharam... (p.73 – repetida no tema *Plasticidade do português*).

~

Mesmo aqueles, porém, que desaparecem no escuro da vida indígena sem deixar nome, impõem-se, pelas evidentes consequências de sua ação procriadora e sifilizadora, à atenção de quem se ocupe da história genética da sociedade brasileira. Bem ou mal, neles é que madrugou essa sociedade (p.111).

~

Uma circunstância significativa resta-nos destacar na formação brasileira: a de não se ter processado no puro sentido da europeização. Em vez de dura e seca, rangendo do esforço de adaptar-se a condições inteiramente estranhas, a cultura europeia se pôs em contato com a indígena, amaciada pelo óleo da mediação africana (p.115).

Formou-se na América tropical uma sociedade agrária na estrutura, escravocrata na técnica de exploração econômica, híbrida de índio – e mais tarde de negro – na composição. Sociedade que se desenvolveria defendida menos pela consciência de raça, quase nenhuma no português cosmopolita e plástico, do que pelo exclusivismo religioso desdobrado em sistema de profilaxia social e política (p.65 – repetida no tema *Cristianismo*).

∿

Híbrida desde o início, a sociedade brasileira é de todas da América a que se constituiu mais harmoniosamente quanto às relações de raça: dentro de um ambiente de quase reciprocidade cultural que resultou no máximo de aproveitamento dos valores e experiências dos povos atrasados pelo adiantado; no máximo de contemporização da cultura adventícia com a nativa, da do conquistador com a do conquistado (p.160).

∿

A verdade é que no Brasil, ao contrário do que se observa noutros países da América e da África de recente colonização europeia, a cultura primitiva – tanto a ameríndia como a africana – não se vem isolando em bolões duros, secos, indigestos, inassimiláveis ao sistema social do europeu (p.231).

∿

Mas é só a partir do meado do século XVI que pode considerar--se formada (...) "a primeira geração de mamelucos"; os mestiços de portugueses com índios, com definido valor demogênico e social. Os formados pelos primeiros coitos não oferecem senão o interesse (...) de terem servido de calço ou de forro para a grande sociedade híbrida que ia constituir-se (p.162 – repetida no tema *Miscigenação*).

∿

Verificou-se entre nós uma profunda confraternização de valores e de sentimentos (p.438).

No Brasil ainda mais do que em Portugal, não há meio mais incerto e precário de identificação de origem social do que o nome de família (p.540).

~

Raras são as famílias no Brasil tropical que se têm mantido brancas ou quase brancas (p.336 – repetida no tema *Miscigenação*).

~

Um (...) traço simpático, nas primeiras relações dos jesuítas com os culumins, para quem aprecie a obra missionária, não com olhos devotos de apologeta ou sectário da Companhia mas sob o ponto de vista brasileiro da confraternização das raças: a igualdade em que parece terem eles educado, nos seus colégios do séculos XVI e XVII, índios e filhos de portugueses, europeus e mestiços, caboclos arrancados às tabas e meninos órfãos vindos de Lisboa (p.223 – repetida no tema *Miscigenação*).

~

O regime que os padres adotaram parece ter sido o de fraternal mistura dos alunos (p.224 – repetida no tema *Miscigenação*).

~

A religião tornou-se o ponto de encontro e de confraternização entre as duas culturas, a do senhor e a do negro; e nunca uma intransponível ou dura barreira. Os próprios padres proclamavam a vantagem de concederem-se aos negros seus folguedos africanos (p.439 – repetida no tema *Cristianismo*).

~

Terão sido os pátios [dos] colégios um ponto de encontro e de amalgamento de tradições indígenas com as europeias; de intercâmbio de brinquedos; de formação de palavras, jogos e superstições mestiças (p.224 – repetida no tema *Miscigenação*).

~

O bodoque de caçar passarinho, dos meninos índios, o papagaio de papel, dos portugueses, a bola de borracha, as danças etc., terão aí [nos pátios dos colégios] se encontrado, misturando-se. A carrapeta – forma brasileira de pião – deve ter resultado desse intercâmbio infantil. Também a gaita de canudo de mamão e talvez certos brinquedos com quenga de coco e castanha-de-caju (p.224 – repetida no tema *Miscigenação*).

∾

É, aliás, digno de observar-se que muitas vezes o nome ilustre ou fidalgo dos senhores brancos foi absorvido no indígena e até no africano das propriedades rurais – a terra como que recriando os nomes dos proprietários à sua imagem e semelhança (p.540).

∾

Precisamente sob o duplo ponto de vista da miscigenação e da sifilização é que nos parece ter sido importantíssima a primeira fase de povoamento. Sob o ponto de vista da miscigenação foram aqueles povoadores à toa que prepararam o campo para o único processo de colonização que teria sido possível no Brasil: o da formação, pela poligamia – já que era escasso o número de europeus – de uma sociedade híbrida (p.110 – repetida no tema *Miscigenação*).

∾

Foi uma heterogênea população infantil a que se reuniu nos colégios dos padres, nos séculos XVI e XVII: filhos de caboclos arrancados aos pais; filhos de normandos encontrados nos matos; filhos de portugueses; mamelucos; meninos órfãos vindos de Lisboa. Meninos louros, sardentos, pardos, morenos, cor de canela (p.501 – repetida nos temas *Educação patriarcal* e *Miscigenação*).

CHOQUE DE CULTURAS

A história do contato das raças chamadas superiores com as consideradas inferiores é sempre a mesma. Extermínio ou degradação (p.178).

~

Entre as populações nativas da América, dominadas pelo colono ou pelo missionário, a degradação moral foi completa, como sempre acontece ao juntar-se uma cultura, já adiantada, com outra atrasada (p.177).

~

Sob a pressão moral e técnica da cultura adiantada, esparrama-se a do povo atrasado (p.177).

~

Com a intrusão europeia desorganiza-se entre os indígenas da América a vida social e econômica; desfaz-se o equilíbrio nas relações do homem com o meio físico. Principia a degradação da raça atrasada ao contato da adiantada... (p.157 – repetida no tema *Miscigenação*).

~

Os povos acostumados à vida dispersa e nômade sempre se degradam quando forçados à grande concentração e à sedentariedade absoluta (p.179).

~

A posse do culumim significava a conservação, tanto quanto possível, da raça indígena sem a preservação de sua cultura (p.218).

De modo que não é o encontro de uma cultura exuberante de maturidade com outra já adolescente, que aqui se verifica; a colonização europeia vem surpreender nesta parte da América quase que bandos de crianças grandes; uma cultura verde e incipiente; ainda na primeira dentição; sem os ossos nem o desenvolvimento nem a resistência das grandes semicivilizações americanas (p.158).

~

A reação do domínio europeu, na área de cultura ameríndia invadida pelos portugueses, foi quase a de pura sensibilidade ou contratilidade vegetal, o índio retraindo-se ou amarfanhando-se ao contato civilizador do europeu por incapacidade de acomodar-se à nova técnica econômica e ao novo regime moral e social (p.158).

~

É natural que na noção de propriedade como na de outros valores, morais e materiais, inclusive o da vida humana, seja ainda o Brasil um campo de conflito entre antagonismos os mais violentos. No tocante à propriedade para nos fixarmos nesse ponto, entre o comunismo do ameríndio e a noção de propriedade privada do europeu (p.213).

~

O sistema escravocrata por um lado, e o missionário por outro, continuariam a sua obra de devastação da raça nativa, embora mais lenta e menos cruel do que na América espanhola ou na inglesa. E com aspectos criadores que se opõem aos destruidores (p.227).

~

(...) o que mais convinha a selvagens arrancados ainda tão crus da floresta e sujeitos a condições deletérias de sedentariedade era a lide com as ferramentas europeias; um doce trabalho manual que não os extenuasse como o outro, o da enxada, mas preparasse neles a transição da vida selvagem para a civilizada (p.217).

~

Entre culturas de interesses e tendências tão antagônicos era natural que o contato se verificasse com desvantagem para ambas. Apenas um conjunto especialíssimo de circunstâncias impediu, no caso do Brasil, que europeus e indígenas se extremassem em inimigos de morte, antes se aproximassem como marido e mulher, como mestre e discípulo, daí resultando uma degradação de cultura por processos mais sutis e em ritmo mais lento do que em outras partes do continente (p.230).

～

O imperialismo português – o religioso dos padres, o econômico dos colonos – se desde o primeiro contato com a cultura indígena feriu-a de morte, não foi para abatê-la de repente, com a mesma fúria dos ingleses na América do Norte. Deu-lhe tempo de perpetuar-se em várias sobrevivências úteis (p.231).

～

Ainda assim o Brasil é dos países americanos onde mais se tem salvo da cultura e dos valores nativos (p.231).

EQUILÍBRIO DE ANTAGONISMOS

[Os] antagonismos em conflito são apenas a parte indigesta da formação portuguesa: a parte maior se mostra harmoniosa nos seus contrastes, formando um todo social plástico, que é o caracteristicamente português (p.278 – repetida nos temas *Ancestralidade ibérica* e *Plasticidade do português*).

～

Pelo antagonismo que cedo se definiu no Brasil entre a grande lavoura, ou melhor, a monocultura absorvente do litoral, e a pecuária, por sua vez exclusivista, dos sertões, uma se afastando da outra quanto possível, viu-se a população agrícola, mesmo a rica, a opulenta, senhora de léguas de terra, privada do suprimento regular e constante de alimentos frescos (p.98-99 – repetida no tema *Alimentação*).

～

No Brasil esse antagonismo atuou, desde os primeiros tempos, sobre a formação social do brasileiro: em uns pontos favoravelmente; nesse da alimentação, desfavoravelmente (p.99 – repetida no tema *Alimentação*).

～

O que se sente [no] desadoro de antagonismos são as duas culturas, a europeia e a africana, a católica e a maometana, a dinâmica e a fatalista encontrando-se no português, fazendo dele, de sua vida, de sua moral, de sua economia, de sua arte um regime de influências que se alternam, se equilibram ou se hostilizam (p.69 – repetida no tema *Plasticidade do português*).

(...) a formação brasileira tem sido, na verdade, (...) um processo de equilíbrio de antagonismos. Antagonismos de economia e de cultura. A cultura europeia e a indígena. A europeia e a africana. A africana e a indígena. A economia agrária e a pastoril. A agrária e a mineira. O católico e o herege. O jesuíta e o fazendeiro. O bandeirante e o senhor de engenho. O paulista e o emboaba. O pernambucano e o mascate. O grande proprietário e o pária. O bacharel e o analfabeto. Mas predominando sobre todos os antagonismos, o mais geral e o mais profundo: o senhor e o escravo (p.116 – repetida no tema *Plasticidade do português*).

~

A força, ou antes, a potencialidade da cultura brasileira parece-nos residir toda na riqueza dos antagonismos equilibrados; o caso dos pronomes que sirva de exemplo (p.418 – repetida no tema *Linguagem*).

~

E nenhum antecedente social mais importante a considerar no colonizador português que a sua extraordinária riqueza e variedade de antagonismos étnicos e de cultura; que o seu cosmopolitismo (p.276 – repetida no tema *Plasticidade do português*).

MISCIGENAÇÃO

Creio que nenhum estudante russo, dos românticos, do século XIX, preocupou-se mais intensamente pelos destinos da Rússia do que eu pelos do Brasil na fase em que conheci Boas. Era como se tudo dependesse de mim e dos de minha geração; da nossa maneira de resolver questões seculares. E dos problemas brasileiros, nenhum que me inquietasse tanto como o da miscigenação (p.31 – repetida no tema *Franz Boas*).

Vi uma vez, depois de mais de três anos maciços de ausência do Brasil, um bando de marinheiros nacionais – mulatos e cafuzos – descendo não me lembro se do *São Paulo* ou do *Minas* pela neve mole do Brooklyn. Deram-me a impressão de caricaturas de homens. (...) A miscigenação resultava naquilo. Faltou-me quem me dissesse (...) que não eram simplesmente mulatos ou cafuzos os indivíduos que eu julgava representarem o Brasil, mas cafuzos e mulatos doentes (p.31).

Foi o estudo de antropologia sob a orientação do professor Boas que primeiro me revelou o negro e o mulato no seu justo valor – separados dos traços de raça os efeitos do ambiente ou da experiência cultural (p.32 – repetida no tema *Franz Boas*).

Aprendi a considerar fundamental a diferença entre *raça* e *cultura;* a discriminar entre os efeitos de relações puramente genéticas e os de influências sociais, de herança cultural e de meio (p.32 – repetida no tema *Franz Boas*).

[No] critério de diferenciação fundamental entre raça e cultura assenta todo o plano deste ensaio [*Casa-grande & senzala*]. Também no da diferenciação entre hereditariedade de raça e hereditariedade de família (p.32).

~

Muito do que se supõe, nos estudos ainda tão flutuantes de eugenia e de cacogenia, resultado de traços ou taras hereditárias preponderando sobre outras influências, deve-se antes associar à persistência, através de gerações, de condições econômicas e sociais, favoráveis ou desfavoráveis ao desenvolvimento humano (p.32).

~

Lembra Franz Boas que, admitida a possibilidade da eugenia eliminar os elementos indesejáveis de uma sociedade, a seleção eugênica deixaria de suprimir as condições sociais responsáveis pelos proletariados miseráveis – gente doente e malnutrida; e persistindo tais condições sociais, de novo se formariam os mesmos proletariados (p.32 – repetida no tema *Franz Boas*).

~

Os primeiros europeus aqui chegados desapareceram na massa indígena quase sem deixar sobre ela outro traço europeizante além das manchas de mestiçagem e de sífilis. Não civilizaram... (p.110 – repetida no tema *Doenças em tempos patriarcais*).

~

Com a intrusão europeia desorganiza-se entre os indígenas da América a vida social e econômica; desfaz-se o equilíbrio nas relações do homem com o meio físico. Principia a degradação da raça atrasada ao contato da adiantada... (p.157 – repetida no tema *Choque de culturas*).

~

A miscigenação que largamente se praticou aqui corrigiu a distância social que doutro modo se teria conservado enorme entre a casa-grande e a mata tropical; entre a casa-grande e a senzala (p.33).

O que a monocultura latifundiária e escravocrata realizou no sentido de aristocratização, extremando a sociedade brasileira em senhores e escravos, com uma rala e insignificante lambujem de gente livre sanduichada entre os extremos antagônicos, foi em grande parte contrariado pelos efeitos sociais da miscigenação (p.33).

∾

Um (...) traço simpático, nas primeiras relações dos jesuítas com os culumins, para quem aprecie a obra missionária, não com olhos devotos de apologeta ou sectário da Companhia mas sob o ponto de vista brasileiro da confraternização das raças: a igualdade em que parece terem eles educado, nos seus colégios do séculos XVI e XVII, índios e filhos de portugueses, europeus e mestiços, caboclos arrancados às tabas e meninos órfãos vindos de Lisboa (p.223 – repetida no tema *Sociedades híbridas*).

∾

O regime que os padres adotaram parece ter sido o de fraternal mistura dos alunos (p.224 – repetida no tema *Sociedades híbridas*).

∾

Terão sido os pátios [dos] colégios um ponto de encontro e de amalgamento de tradições indígenas com as europeias; de intercâmbio de brinquedos; de formação de palavras, jogos e superstições mestiças (p.224 – repetida no tema *Sociedades híbridas*).

∾

Foi uma heterogênea população infantil a que se reuniu nos colégios dos padres, nos séculos XVI e XVII: filhos de caboclos arrancados aos pais; filhos de normandos encontrados nos matos; filhos de portugueses; mamelucos; meninos órfãos vindos de Lisboa. Meninos louros, sardentos, pardos, morenos, cor de canela (p.501 – repetida nos temas *Educação patriarcal* e *Sociedades híbridas*).

∾

O bodoque de caçar passarinho, dos meninos índios, o papagaio de papel, dos portugueses, a bola de borracha, as danças etc., terão aí [nos pátios dos colégios] se encontrado, misturando-se. A carrapeta – forma brasileira de pião – deve ter resultado desse intercâmbio infantil. Também a gaita de canudo de mamão e talvez certos brinquedos com quenga de coco e castanha-de-caju (p.224 – repetida no tema *Sociedades híbridas*).

~

Ligam-se à monocultura latifundiária males profundos que têm comprometido, através de gerações, a robustez e a eficiência da população brasileira, cuja saúde instável, incerta capacidade de trabalho, apatia, perturbações de crescimento, tantas vezes são atribuídas à miscigenação (p.33).

~

Pelo intercurso com mulher índia ou negra multiplicou-se o colonizador em vigorosa e dúctil população mestiça, ainda mais adaptável do que ele puro ao clima tropical (p.74 – repetida no tema *Mulher indígena*).

~

A escassez de mulheres brancas criou zonas de confraternização entre vencedores e vencidos, entre senhores e escravos. Sem deixarem de ser relações – as dos brancos com as mulheres de cor – de "superiores" com "inferiores" e, no maior número de casos, de senhores desabusados e sádicos com escravas passivas... (p.33 – repetida no tema *Sexualidade*).

~

O Brasil formou-se, despreocupados os seus colonizadores da unidade ou pureza de raça. Durante quase todo o século XVI a colônia esteve escancarada a estrangeiros, só importando às autoridades coloniais que fossem de fé ou religião católica (p.91 – repetida no tema *Cristianismo*).

~

Raras são as famílias no Brasil tropical que se têm mantido brancas ou quase brancas (p.336 – repetida no tema *Sociedades híbridas*).

A exaltação lírica que se faz entre nós do caboclo, isto é, do indígena tanto quanto do índio civilizado ou do mestiço de índio com branco, no qual alguns querem enxergar o expoente mais puro da capacidade física, da beleza e até da resistência moral da sub-raça brasileira, não corresponde senão superficialmente à realidade. Nesse ponto já o mestre ilustre que é o professor Roquette-Pinto insinuou a necessidade de retificar-se Euclides da Cunha, nem sempre justo nas suas generalizações. Muito do que Euclides exaltou como valor da raça indígena, ou da sub-raça formada pela união do branco com o índio, são virtudes provindas antes da mistura das três raças... (p.107-108).

～

Quando os povoadores regulares aqui chegaram, já foram encontrando sobre o pardo avermelhado da massa indígena aquelas manchas de gente mais clara (p.111).

～

(...) os colonos, e não os jesuítas, terão sido, em grande número de casos, os principais agentes disgênicos entre os indígenas: os que lhes alteraram o sistema de alimentação e de trabalho, perturbando-lhes o metabolismo; os que introduziram entre eles doenças endêmicas; os que lhes comunicaram o uso da aguardente de cana (p.180).

～

Ainda que sem definida caracterização europeia, [os] mestiços, quase pelo puro fato da cor mais próxima da dos brancos e por um outro traço de cultura moral ou material já adquirido dos pais europeus, devem ter sido um como *calço ou forro de carne* amortecendo para colonos portugueses ainda virgens de experiências exóticas (...) o choque violento de contato com criaturas inteiramente diversas do tipo europeu (p.111 – grifo nosso).

～

Mas é só a partir do meado do século XVI que pode considerar-se formada (...) "a primeira geração de mamelucos"; os mestiços de portugueses com índios, com definido valor demogênico e social. Os formados pelos primeiros coitos não oferecem senão o interesse (...) de terem servido de calço ou de forro para a grande sociedade híbrida que ia constituir-se (p.162 – repetida no tema *Sociedades híbridas*).

Todo brasileiro, mesmo o alvo, de cabelo louro, traz na alma, quando não na alma e no corpo – há muita gente de jenipapo ou mancha mongólica pelo Brasil – a sombra, ou pelo menos a pinta, do indígena ou do negro (p.367).

～

Na ternura, na mímica excessiva, no catolicismo em que se deliciam nossos sentidos, na música, no andar, na fala, no canto de ninar menino pequeno, em tudo que é expressão sincera de vida, trazemos quase todos a marca da influência negra. Da escrava ou sinhama que nos embalou. Que nos deu de mamar. Que nos deu de comer, ela própria amolegando na mão o bolão de comida. Da negra velha que nos contou as primeiras histórias de bicho e de mal-assombrado. Da mulata que nos tirou o primeiro bicho-de-pé de uma coceira tão boa. Da que nos iniciou no amor físico e nos transmitiu, ao ranger da cama de vento, a primeira sensação completa de homem. Do moleque que foi o nosso primeiro companheiro de brinquedo (p.367).

～

A influência africana fervendo sob a europeia e dando um acre requeime à vida sexual, à alimentação, à religião... (p.66).

～

(...) o sangue mouro ou negro correndo por uma grande população brancarana quando não predominando em regiões ainda hoje de gente escura... (p.66).

～

(...) o ar da África, um ar quente, oleoso, amolecendo nas instituições e nas formas de cultura as durezas germânicas; corrompendo a rigidez moral e doutrinária da Igreja medieval; tirando os ossos ao cristianismo, ao feudalismo, à arquitetura gótica, à disciplina canônica, ao direito visigótico, ao latim, ao próprio caráter do povo (p.66).

～

A possível origem africana – Chamberlain considera-a definitivamente provada – do sistema jesuítico nos parece importantíssima na explicação da formação cultural da sociedade brasileira: mesmo onde essa formação dá a ideia de ter sido mais rigidamente europeia – a catequese jesuítica – teria recebido a influência amolecedora da África (p.116).

~

A mediação africana no Brasil aproximou os extremos, que sem ela dificilmente se teriam entendido tão bem, da cultura europeia e da cultura ameríndia, estranhas e antagônicas em muitas das suas tendências (p.116).

~

Nem as relações sociais entre as duas raças, a conquistadora e a indígena, aguçaram-se nunca na antipatia ou no ódio cujo ranger, de tão adstringente, chega-nos aos ouvidos de todos os países de colonização anglo-saxônica e protestante. Suavizou-as aqui o óleo lúbrico da profunda miscigenação, quer a livre e danada, quer a regular e cristã sob a bênção dos padres e pelo incitamento da Igreja e do Estado (p.231 – repetida no tema *Sexualidade*).

~

Um estudo interessantíssimo a fazer seria a localização de redutos de antigos escravos que teriam borrado de preto, hoje empalidecido, muita região central do Brasil. Essas concentrações de negros puros correspondem necessariamente a manchas negroides no seio de populações afastadas dos centros de escravaria (p.108-109).

~

Precisamente sob o duplo ponto de vista da miscigenação e da sifilização é que nos parece ter sido importantíssima a primeira fase de povoamento. Sob o ponto de vista da miscigenação foram aqueles povoadores à toa que prepararam o campo para o único processo de colonização que teria sido possível no Brasil: o da formação, pela poligamia – já que era escasso o número de europeus – de uma sociedade híbrida (p.110 – repetida em *Sociedades híbridas*).

~

Já afeiçoados à poligamia pelo contato com os mouros, os portugueses encontraram na moral sexual dos ameríndios o campo fácil onde expandir-se aquela sua tendência, de moçárabes (nos últimos dois séculos um tanto recalcada e agora de repente solta), para viverem com muitas mulheres (p.168).

~

À vantagem da miscigenação correspondeu no Brasil a desvantagem tremenda da sifilização. Começaram juntas, uma a formar o brasileiro – talvez o tipo ideal do homem moderno para os trópicos, europeu com sangue negro ou índio a avivar-lhe a energia; outra, a deformá-lo (p.110 – repetida em *Doenças em tempos patriarcais*).

~

Daí certa confusão de responsabilidades; atribuindo muitos à miscigenação o que tem sido obra principalmente da sifilização... (p.110 – repetida em *Doenças em tempos patriarcais*).

~

Acresce que a atividade patriarcal dos padres, embora exercida, muitas vezes, em condições morais desfavoráveis, trouxe à formação do Brasil a contribuição de um elemento social e eugenicamente superior. Homens das melhores famílias e da mais alta capacidade intelectual (p.535 – repetida no tema *Cristianismo*).

~

O método de desafricanização do negro "novo", aqui seguido, foi o de misturá-lo com a massa de "ladinos", ou veteranos; de modo que as senzalas foram uma escola prática de abrasileiramento (p.440).

~

Outras forças podem-se particularizar como tendo atuado sobre os negros no sentido do seu abrasileiramento; modificando-lhes a plástica moral e é possível que também a física; conformando-as não só ao tipo e às funções de escravo como ao tipo e aos característicos de brasileiro. O meio físico. A qualidade e o regime da alimentação. A natureza e o sistema de trabalho (p.441).

Sistema de parentesco indígena

A exogamia era restrição seguida por quase todos [os indígenas]: cada grupo por assim dizer dividindo-se em metades exógamas, que por sua vez se subdividiam ainda em menores grupos ou clãs (p.171).

∼

A poligamia não corresponde entre os selvagens que a praticam – incluídos neste número os que povoavam o Brasil – apenas ao desejo sexual, tão difícil de satisfazer no homem com a posse de uma só mulher; corresponde também ao interesse econômico de cercar-se o caçador, o pescador ou o guerreiro dos valores econômicos vivos, criadores, que as mulheres representam (p.185-186).

∼

Quanto à monogamia, nunca foi geral nas áreas de cultura americana invadidas pelos portugueses, a poligamia tendo existido e existindo ainda entre tribos que se conservam intactas da influência moral europeia (p.167).

∼

Entre os indígenas do Brasil, notou nos meados do século XVI o padre Anchieta que a mulher não se agastava com o fato de o homem, seu companheiro, tomar outra ou outras mulheres... (p.168).

∼

[Com a catequese jesuítica] Ocorreu então a dissolução de muita família cristã de caboclo pela falta de base ou apoio econômico: aumentando dentro de tais circunstâncias a mortalidade infantil (dada a miséria a que ficaram reduzidos numerosos lares cristãos, artificialmente organizados) e diminuindo a natalidade, não só pela "falta de propagação", como pelos abortos praticados, na ausência de maridos e pais, por mulheres já eivadas de escrúpulos cristãos de adultério e de virgindade (p.225 – repetida no tema *Cristianismo*).

~

Por onde se vê que o sistema jesuítico de catequese e civilização impondo uma nova moral de família aos indígenas sem antes lançar uma permanente base econômica, fez trabalho artificial, incapaz de sobreviver ao ambiente de estufa das missões; e concorreu poderosamente para a degradação da raça que pretendeu salvar. Para o despovoamento do Brasil de sua gente autóctone (p.225 – repetida no tema *Cristianismo*).

ÍNDIO MACHO

[A contribuição do índio macho] Foi formidável: mas só na obra de devastamento e de conquista dos sertões, de que ele foi o guia, o canoeiro, o guerreiro, o caçador e pescador (p.163 – repetida no tema *Bandeirantismo*).

～

A enxada é que não se firmou nunca na mão do índio nem na do mameluco; nem o seu pé de nômade se fixou nunca em pé de boi paciente e sólido (p.163).

～

Muito auxiliou o índio ao bandeirante mameluco, os dois excedendo ao português em mobilidade, atrevimento e ardor guerreiro; sua capacidade de ação e de trabalho falhou, porém, no rame-rame tristonho da lavoura de cana, que só as reservas extraordinárias de alegria e de robustez animal do africano tolerariam tão bem (p.163 – parte da citação repetida no tema *Bandeirantismo* e a outra parte no tema *Predisposições africanas*).

～

Do indígena quase que só aproveitou a colonização agrária no Brasil o processo da coivara, que infelizmente viria a empolgar por completo a agricultura colonial (p.163-164).

～

Se formos apurar a colaboração do índio no trabalho propriamente agrário, temos que concluir (...) pela quase insignificância desse esforço. O que não é de estranhar, se considerarmos que a cultura americana ao tempo da descoberta era a nômade, a da floresta, e não ainda a agrícola... (p.164).

(...) o pouco da lavoura – mandioca, cará, milho, jerimum, amendoim, mamão – praticado por algumas tribos menos atrasadas, era trabalho desdenhado pelos homens – caçadores, pescadores e guerreiros – e entregue às mulheres, diminuídas assim na sua domesticidade pelo serviço de campo tanto quanto os homens nos hábitos de trabalho regular e contínuo pelo de vida nômade (p.164 – repetida no tema *Mulher indígena*).

∼

(...) entre os primitivos o homem é a atividade violenta e esporádica; a mulher, a estável, sólida, contínua (p.186 – repetida no tema *Mulher indígena*).

∼

A produção artística, exclusiva ou principalmente dos homens, resumia-se no fabrico de arcos e flechas, de instrumentos de música e de certos adornos para o corpo. Na construção da oca era seu trabalho mais duro; seu esforço de levantar em volta da aldeia a cerca de pau a pique, que os portugueses adotariam mais tarde como meio de defender as casas-grandes de engenho dos ataques de inimigos (p.185).

∼

Mesmo a magia e a arte, se não se desenvolveram principalmente pela mulher, desenvolveram-se pelo homem efeminado ou bissexual, que à vida de movimento e de guerra de homem puro prefere à doméstica e regular da mulher (p.186 – repetida no tema *Mulher indígena*).

∼

Mesmo quando acirrou-se em inimigo, o indígena ainda foi vegetal na agressão: quase que mero auxiliar da floresta. Não houve da parte dele capacidade técnica ou política de reação que excitasse no branco a política do extermínio seguida pelos espanhóis no México e no Peru (p.158).

∼

Os animais domesticados entre os indígenas [brasileiros] quase que eram simplesmente para fazer companhia à pessoa e não para servi-la nem fornecer-lhe alimento (p.166).

Havia entre os ameríndios desta parte do continente, como entre os povos primitivos em geral, certa fraternidade entre o homem e o animal, certo lirismo mesmo na relação entre os dois (p.167).

~

Se índios de tão boa aparência de saúde fracassaram, uma vez incorporados ao sistema econômico do colonizador é que foi para eles demasiado brusca a passagem do nomadismo à sedentariedade (p.230).

~

O resultado foi evidenciar-se o índio no labor agrícola o trabalhador banzeiro e moleirão que teve de ser substituído pelo negro (p.230).

~

Deixemo-nos de lirismo com relação ao índio. De opô-lo ao português como igual contra igual. Sua substituição pelo negro (...) não se deu pelos motivos de ordem moral que os indianófilos tanto se deliciam em alegar: sua altivez diante do colonizador luso em contraste com a passividade do negro (p.322).

~

O índio, precisamente pela sua inferioridade de condições de cultura – a nômade, apenas tocada pelas primeiras e vagas tendências para a estabilização agrícola – é que falhou no trabalho sedentário. O africano executou-o com decidida vantagem sobre o índio principalmente por vir de condições de cultura superiores. Cultura já francamente agrícola. Não foi questão de altivez nem de passividade moral (p.322-323).

~

Porque na Bahia e em Pernambuco – os dois grandes centros de opulência, econômica e social, os dois grandes portos brasileiros de expressão internacional, no século XVI – o índio ficou logo no segundo plano. Achatado na sua inferioridade cultural. Inútil e incapaz, dentro do sistema de colonização que ia criar a economia brasileira (p.342).

O critério histórico-cultural, porém, que tantas vezes tem retificado o fisiológico e o psíquico na discriminação de característicos étnicos, mostra-nos ter havido da parte dos ameríndios incapacidade antes social e técnica que psíquica e biológica. Embora não se devam desprezar as indisposições psíquicas, o fato que avulta é o do nomadismo de vida econômica atuando poderosamente sobre os ameríndios; incapacitando-os para o trabalho agrícola regular (p.371).

O que nos leva à conclusão de que naqueles [nos índios] a sexualidade precisasse menos de estímulo. Convém, entretanto, atentarmos no fato de que muito do ardor animal no índio nômade e guerreiro da América absorviam-no, impedindo-o de sexualizar-se, necessidades de competição: as guerras entre as tribos, as migrações, a caça, a pesca, a defesa contra animais bravios (p.169 — repetida no tema *Sexualidade*).

MULHER INDÍGENA

(...) entre os primitivos o homem é a atividade violenta e esporádica; a mulher, a estável, sólida, contínua (p.186 – repetida no tema *Índio macho*).

∼

Da cunhã é que nos veio o melhor da cultura indígena. O asseio pessoal. A higiene do corpo. O milho. O caju. O mingau. O brasileiro de hoje, amante do banho e sempre de pente e espelhinho no bolso, o cabelo brilhante de loção ou de óleo de coco, reflete a influência de tão remotas avós (p.163).

∼

(...) não era pequena a importância da mulher velha entre os indígenas; enorme a da mulher, em geral... (p.184).

∼

A toda contribuição que se exigiu dela [a indígena] na formação social do Brasil – a do corpo que foi a primeira a oferecer ao branco, a do trabalho doméstico e mesmo agrícola, a da estabilidade (estado por que ansiava, estando seus homens ainda em guerra com os invasores e ela aos emboléus, de trouxa à cabeça e filho pequeno ao peito ou escarranchado às costas) – a cunhã correspondeu vantajosamente (p.185).

∼

Entre os seus era a mulher índia o principal valor econômico e técnico. Um pouco besta de carga e um pouco escrava do homem. Mas superior a ele na capacidade de utilizar as coisas e de produzir o necessário à vida e ao conforto comuns (p.185).

Pela mulher transmitiu-se da cultura indígena à brasileira o melhor que hoje nos resta dos valores materiais dos ameríndios... (p.221).

~

Do indígena se salvaria a parte por assim dizer feminina de sua cultura. Esta aliás, quase que era só feminina na sua organização técnica, mais complexa, o homem limitando-se a caçar, a pescar, a remar e a fazer a guerra (p.230).

~

Eram (...) as mulheres que plantavam o mantimento e que iam buscar a água à fonte; que preparavam a comida; que cuidavam dos meninos (p.184).

~

Os indígenas do Brasil estavam, pela época da descoberta, ainda na situação de relativo parasitismo do homem e sobrecarga da mulher. Eram as mãos criadoras da cunhã que reuniam os principais trabalhos regulares de arte, de indústria, de agricultura (p.186).

~

(...) vê-se que para a mulher tupi a vida de casada era de contínuo trabalho: com os filhos, com o marido, com a cozinha, com os roçados. Isto sem esquecermos as indústrias domésticas a seu cargo, o suprimento de água e o transporte de fardos (p.189-190).

~

Mesmo grávida a mulher índia mantinha-se ativa dentro e fora de casa, apenas deixando de carregar às costas os volumes extremamente pesados. Mãe, acrescentava às suas muitas funções a de tornar-se uma espécie de berço ambulante da criança; de amamentá-la, às vezes até aos sete anos; de lavá-la; de ensinar as meninas a fiar algodão e a preparar a comida (p.190).

~

A tipoia – o menino carregado às costas da mãe, preso por uma tira de pano – é traço que se perdeu nos costumes brasileiros; só se explicava, aliás, pela atividade extradoméstica da mãe índia (p.202).

(...) o pouco da lavoura – mandioca, cará, milho, jerimum, amendoim, mamão – praticado por algumas tribos menos atrasadas, era trabalho desdenhado pelos homens – caçadores, pescadores e guerreiros – e entregue às mulheres, diminuídas assim na sua domesticidade pelo serviço de campo tanto quanto os homens nos hábitos de trabalho regular e contínuo pelo de vida nômade (p.164 – repetida no tema *Índio macho*).

~

Mesmo a magia e a arte, se não se desenvolveram principalmente pela mulher, desenvolveram-se pelo homem efeminado ou bissexual, que à vida de movimento e de guerra de homem puro prefere à doméstica e regular da mulher (p.186 – repetida no tema *Índio macho*).

~

Organizou-se uma sociedade cristã na superestrutura, com a mulher indígena, recém-batizada, por esposa e mãe de família; e servindo-se em sua economia e vida doméstica de muitas das tradições, experiências e utensílios da gente autóctone (p.160).

~

E o certo é que sobre a mulher gentia fundou-se e desenvolveu-se através dos séculos XVI e XVII o grosso da sociedade colonial, num largo e profundo mestiçamento, que a interferência dos padres da Companhia salvou de resolver-se todo em libertinagem para em grande parte regularizar-se em casamento cristão (p.161).

~

À mulher gentia temos que considerá-la não só a base física da família brasileira (...), mas valioso elemento de cultura, pelo menos material, na formação brasileira (p.162).

~

No costume, ainda muito brasileiro, muito do interior e dos sertões, de não aparecerem as mulheres e os meninos aos estranhos, nota-se também influência da cultura ameríndia... (p.232).

Ainda hoje o vasilhame de qualquer casa brasileira do norte ou do centro do Brasil contém numerosas peças de origem ou feitio puramente indígena. A nenhuma cozinha que se preze de verdadeiramente brasileira falta a urupema ou o pilão, o alguidar ou o pote de água (p.190).

~

Por seu intermédio [das índias] enriqueceu-se a vida no Brasil (...) de uma série de alimentos ainda hoje em uso, de drogas e remédios caseiros, de tradições ligadas ao desenvolvimento da criança, de um conjunto de utensílios de cozinha, de processos de higiene tropical – inclusive o banho frequente ou pelo menos diário, que tanto deve ter escandalizado o europeu porcalhão do século XVI (p.162-163).

~

Pelo intercurso com mulher índia ou negra multiplicou-se o colonizador em vigorosa e dúctil população mestiça, ainda mais adaptável do que ele puro ao clima tropical (p.74 – repetida no tema *Miscigenação*).

Os baito: educação indígena

É aliás erro, e dos maiores, supor-se a vida selvagem (...) uma vida de inteira liberdade (p.172).

~

A segregação do menino, uma vez atingida a puberdade, nos clubes ou casas secretas dos homens, chamadas *baito* entre as tribos do Brasil Central, parece que visava assegurar ao sexo masculino o domínio sobre o feminino: educar o adolescente para exercer esse domínio (p.207).

~

Eram casas [os baito] vedadas às mulheres (a não ser as velhas, masculinizadas ou dessexualizadas pela idade) e aos meninos, antes de iniciados. Nelas se guardavam as gaitas e os maracás que mulher nenhuma se lembrasse de querer avistar mesmo de longe: significava a morte certa (p.207).

~

O certo é que nos *baito*, espécie de lojas de maçonaria indígena só franqueadas aos homens depois de severas provas de iniciação, pôde surpreender von den Steinen, entre os Bororo, os mancebos em livre intercurso sexual uns com os outros: isto sem ar de pecado, mas naturalmente (p.188).

~

Durante a segregação o menino aprendia a tratar a mulher de resto; a sentir-se sempre superior a ela; a abrir-se em intimidades não com a mãe nem com mulher nenhuma, mas com o pai e com os amigos (p.207).

As afinidades [nos baito] que se exaltavam eram as fraternas, de homem para homem; as de afeto viril. Do que resultava ambiente propício à homossexualidade (p.207).

~

As provas de iniciação eram as mais rudes. Algumas tão brutas que o iniciando não as suportava e morria em consequência do excessivo rigor. (...) flagelação, (...) tatuagem, (...) perfuração do septo, dos lábios e das orelhas; outras provas em uso eram a de arrancar dentes e de limá-los; da última e da tatuagem africana ainda havendo reminiscências entre sertanejos do Nordeste e pescadores (p.207).

~

Ao contato dos mais velhos, [o menino nas organizações secretas dos primitivos] se impregnava das tradições da tribo. Era um processo rápido mais intenso de educação, a doutrinação e o ensino agindo sobre verdes noviços em estado de extrema sensitividade, conseguida a poder de jejuns, vigílias e privações (p.207).

~

Espancar a pessoa até tirar-lhe sangue, ou sarjá-la com dente agudo de animal, era para o primitivo um processo de purificação e de esconjuração, aplicado com particular rigor ao menino ou à menina ao iniciar-se na puberdade (p.208).

~

De modo que não havendo castigo corporal nem disciplina de pai e mãe entre os indígenas do Brasil – de que tanto se espantaram os primeiros cronistas – havia, entretanto, [a] severa disciplina, a cargo principalmente dos velhos (p.208 – repetida no tema *Culumins, ioiôs, moleques*).

TRIÂNGULO DA DOMINAÇÃO: MONOCULTURA, ARISTOCRATISMO, LATIFÚNDIO

A casa-grande, embora associada particularmente ao engenho de cana, ao patriarcalismo nortista, não se deve considerar expressão exclusiva do açúcar, mas da monocultura escravocrata e latifundiária em geral: criou-a no Sul o café tão brasileiro como no Norte o açúcar (p.43).

~

A sociedade colonial no Brasil, principalmente em Pernambuco e no Recôncavo da Bahia, desenvolveu-se patriarcal e aristocraticamente à sombra das grandes plantações de açúcar, não em grupos a esmo e instáveis; em casas-grandes de taipa ou de pedra e cal, não em palhoças de aventureiros (p.79).

~

Na zona agrária desenvolveu-se, com a monocultura absorvente, uma sociedade semifeudal – uma minoria de brancos e brancarões dominando patriarcais, polígamos, do alto das casas-grandes de pedra e cal, não só os escravos criados aos magotes nas senzalas como os lavradores de partido, os agregados, moradores de casas de taipa e de palhas, vassalos das casas-grandes em todo o rigor da expressão (p.33).

~

No caso da sociedade brasileira o que se deu foi acentuar-se, pela pressão de uma influência econômico-social – a monocultura –, a deficiência das fontes naturais de nutrição que a policultura teria talvez atenuado ou mesmo corrigido e suprido, através do esforço agrícola regular e sistemático (p.96).

Muitas [das] fontes [naturais] foram por assim dizer pervertidas, outras estancadas pela monocultura, pelo regime escravocrata e latifundiário, que em vez de desenvolvê-las, abafou-as, secando-lhes a espontaneidade e a frescura (p.96).

≈

Nada perturba mais o equilíbrio da natureza que a monocultura, principalmente quando é de fora a planta que vem dominar a região (...). Exatamente o caso brasileiro (p.96).

≈

A mesma economia latifundiária e escravocrata que tornou possível o desenvolvimento econômico do Brasil, sua relativa estabilidade em contraste com as turbulências nos países vizinhos, envenenou-o e perverteu-o nas suas fontes de nutrição e de vida (p.96).

≈

País de Cocagne coisa nenhuma: terra de alimentação incerta e vida difícil é que foi o Brasil dos três séculos coloniais. A sombra da monocultura esterilizando tudo. Os grandes senhores rurais sempre endividados. As saúvas, as enchentes, as secas dificultando ao grosso da população o suprimento de víveres (p.100-101 – repetida nos temas *Brasil: decepção à primeira vista* e *Alimentação*).

≈

(...) as grandes lavouras de açúcar ou de tabaco não se deixavam manchar de pastos para os bois descidos dos sertões e destinados ao corte. Bois e vacas que não fossem os de serviço eram como se fossem animais danados para os latifundiários (p.103).

≈

Vacas leiteiras sabe-se que havia poucas nos engenhos coloniais, quase não se fabricando neles nem queijos nem manteiga, nem se comendo, senão uma vez por outra, carne de boi (p.103).

≈

Era a sombra da monocultura projetando-se por léguas e léguas em volta das fábricas de açúcar e a tudo esterilizando ou sufocando, menos os canaviais e os homens e bois a seu serviço (p.103).

A cana-de-açúcar começou a ser cultivada igualmente em São Vicente e em Pernambuco, estendendo-se depois à Bahia e ao Maranhão (...) – trouxe em consequência uma sociedade e um gênero de vida de tendências mais ou menos aristocráticas e escravocratas (p.93).

~

Se o ponto de apoio econômico da aristocracia colonial deslocou-se da cana-de-açúcar para o ouro e mais tarde para o café, manteve-se o instrumento de exploração: o braço escravo (p.93).

~

Sem aguçar-se nunca no aristocratismo do castelhano, no que o português se antecipou aos europeus foi no burguesismo. Mas esse burguesismo precoce sofreria no Brasil refração séria em face das condições físicas da terra e das de cultura dos nativos; e o povo que, segundo Herculano, mal conhecera o feudalismo, retrocedeu no século XVI à era feudal, revivendo-lhe os métodos aristocráticos na colonização da América. Uma como compensação ou retificação de sua própria história (p.266).

~

A colonização do Brasil se processou aristocraticamente – mais do que a de qualquer outra parte da América (p.266).

~

(...) onde o processo de colonização europeia afirmou-se essencialmente aristocrático foi no norte do Brasil. Aristocrático, patriarcal, escravocrata. O português fez-se aqui senhor de terras mais vastas, dono de homens mais numerosos que qualquer outro colonizador da América (p.267).

~

Os jesuítas sentiram, desde o início, nos senhores de engenho, seus grandes e terríveis rivais. Os outros clérigos e até mesmo frades acomodaram-se, gordos e moles, às funções de capelães, de padres-mestres, de tios-padres, de padrinhos de meninos; à confortável situação de pessoas da família, de gente de casa, de aliados e aderentes do sistema patriarcal... (p.272 – repetida no tema *Cristianismo*).

Compreende-se que os fundadores da lavoura de cana no trópico americano se tivessem impregnado, em condições de meio físico tão adversas ao seu esforço, do preconceito de que "trabalho é só pra negro". Mas já seus avós, vivendo em clima suave, haviam transformado o verbo *trabalhar* em *mourejar* (p.319-320 – repetida nos temas *Ação deletéria da escravidão* e *Influência moura*).

～

Vida opulenta, e até espaventosa, a daqueles colonos portugueses que, dispondo de capitais para se estabelecerem com engenhos, conseguiram prosperar no Brasil, logo nos primeiros tempos, à custa do açúcar e do negro... (p.342).

～

O açúcar não só abafou as indústrias democráticas de pau-brasil e de peles, como esterilizou a terra, em uma grande extensão em volta aos engenhos de cana, para os esforços de policultura e de pecuária. E exigiu uma enorme massa de escravos (p.32).

～

A criação de gado, com possibilidade de vida democrática, deslocou-se para os sertões (p.32).

～

(...) em Pernambuco e no Recôncavo a terra se apresentou excepcionalmente favorável para a cultura intensa do açúcar e para a estabilidade agrária e patriarcal (p.43).

～

(...) a monocultura latifundiária, mesmo depois de abolida a escravidão, achou jeito de subsistir em alguns pontos do país, ainda mais absorvente e esterilizante do que no antigo regime; e ainda mais feudal nos abusos. Criando um proletariado de condições menos favoráveis de vida do que a massa escrava (p.51).

～

Em Pernambuco e Alagoas, com o desenvolvimento das usinas de açúcar, o latifúndio só tem feito progredir nos últimos anos, subsistindo à sua sombra e por efeito da monocultura a irregularidade e a deficiência no suprimento de víveres: carnes, leite, ovos, legumes (p.51).

~

O escravo foi substituído pelo pária de usina; a senzala pelo mucambo; o senhor de engenho pelo usineiro ou pelo capitalista ausente (p.51-52).

~

O açúcar matou o índio (p.229).

~

(...) o Brasil era o açúcar, e o açúcar era o negro (p.342).

~

O regime econômico de produção – o da escravidão e da monocultura – dominando a diversidade de clima, de raça, de moral religiosa, criou no sul dos Estados Unidos um tipo de aristocrata mórbido, franzino, quase igual ao do Brasil nas maneiras, nos vícios, nos gostos e no próprio físico. Os ingredientes diversos; mas a mesma forma (p.519 – repetida no tema *O chamado* "deep South").

Ação deletéria da escravidão

Sempre que consideramos a influência do negro sobre a vida íntima do brasileiro, é a ação do escravo, e não a do negro por si, que apreciamos (p.397).

～

O negro nos aparece no Brasil, através de toda nossa vida colonial e da nossa primeira fase de vida independente, deformado pela escravidão. Pela escravidão e pela monocultura de que foi o instrumento, o ponto de apoio firme, ao contrário do índio, sempre movediço (p.397).

～

Do mesmo modo, parece-nos absurdo julgar a moral do negro no Brasil pela sua influência deletéria como escravo (p.397).

～

Se há hábito que faça o monge é o do escravo; e o africano foi muitas vezes obrigado a despir sua camisola de malê para vir de tanga, nos negreiros imundos, da África para o Brasil. Para de tanga ou calça de estopa tornar-se carregador de tigre (p.398).

～

Na realidade, nem o branco nem o negro agiram por si, muito menos como raça, ou sob a ação preponderante do clima, nas relações do sexo e de classe que se desenvolveram entre senhores e escravos no Brasil. Exprimiu-se nessas relações o espírito do sistema econômico que nos dividiu, como um deus poderoso, em senhores e escravos. Dele se deriva toda a exagerada tendência para o sadismo característica do brasileiro, nascido e criado em casa-grande, principalmente em engenho; e a que insistentemente temos aludido neste ensaio (p.462 – repetida em *Sadismo e masoquismo*).

Parece às vezes influência de raça o que é influência pura e simples do escravo: do sistema social da escravidão (p.397).

~

A escravidão desenraizou o negro do seu meio social e de família, soltando-o entre gente estranha e muitas vezes hostil. Dentro de tal ambiente, no contato de forças tão dissolventes, seria absurdo esperar do escravo outro comportamento senão o imoral, de que tanto o acusam (p.398).

~

O negro foi patogênico, mas a serviço do branco; como parte irresponsável de um sistema articulado por outros (p.404).

~

Os escravos vindos das áreas de cultura negra mais adiantada foram um elemento ativo, criador, e quase que se pode acrescentar nobre na colonização do Brasil; degradados apenas pela sua condição de escravos. Longe de terem sido apenas animais de tração e operários de enxada, a serviço da agricultura, desempenharam uma função civilizadora (p.390 – repetida nos temas *Predisposições africanas* e *Procedência dos escravos*).

~

Diz-se geralmente que a negra corrompeu a vida sexual da sociedade brasileira, iniciando precocemente no amor físico os filhos-família. Mas essa corrupção não foi pela negra que se realizou, mas pela escrava. Onde não se realizou através da africana, realizou-se através da escrava índia (p.398-399 – repetida em *Prostituição doméstica da casa-grande*).

~

Se este foi sempre o ponto de vista da casa-grande [a precocidade sexual do menino], como responsabilizar-se a negra da senzala pela depravação precoce do menino nos tempos patriarcais? O que a negra da senzala fez foi facilitar a depravação com sua docilidade de escrava; abrindo as pernas ao primeiro desejo do sinhô-moço. Desejo, não: ordem (p.456 – repetida nos temas *Prostituição doméstica da casa-grande* e *Sexualidade*).

A precoce voluptuosidade, a fome de mulher que aos treze ou quatorze anos faz de todo brasileiro um don-juan não vem do contágio ou do sangue da "raça inferior" mas do sistema econômico e social da nossa formação; e um pouco, talvez, do clima; do ar mole, grosso, morno, que cedo nos parece predispor aos chamegos do amor e ao mesmo tempo nos afastar de todo esforço persistente (p.403 – repetida nos temas *Prostituição doméstica da casa-grande* e *Sexualidade*).

∽

Ninguém nega que a negra ou a mulata tenha contribuído para a precoce depravação do menino branco da classe senhoril; mas não por si, nem como expressão de sua raça ou do seu meio-sangue: como parte de um sistema de economia e de família: o patriarcal brasileiro (p.457 – repetida nos temas *Prostituição doméstica da casa-grande* e *Sexualidade*).

∽

Mas o grosso da prostituição, formaram-no as negras, exploradas pelos brancos. Foram os corpos das negras – às vezes meninas de dez anos – que constituíram, na arquitetura moral do patriarcalismo brasileiro, o bloco formidável que defendeu dos ataques e afoitezas dos don-juans a virtude das senhoras brancas (p.538 – repetida nos temas *Prostituição doméstica da casa-grande* e *Sexualidade*).

∽

(...) a virtude da senhora branca apoia-se em grande parte na prostituição da escrava negra (p.538 – repetida nos temas *Prostituição doméstica da casa-grande* e *Sexualidade*).

∽

É absurdo responsabilizar-se o negro pelo que não foi obra sua nem do índio mas do sistema social e econômico em que funcionaram passiva e mecanicamente (p.399 – repetida no tema *Prostituição doméstica da casa-grande*).

∽

Nessa instituição social – a escravidão – é que encontramos na verdade o grande excitante de sensualidade entre os portugueses, como mais tarde entre os brasileiros (p.332 – repetida nos temas *Sexualidade* e *Prostituição doméstica da casa-grande*).

~

Houve verdadeira volúpia em humilhar a criança; em dar bolo em menino. Reflexo da tendência geral para o sadismo criado no Brasil pela escravidão e pelo abuso do negro (p.507 – repetida no tema *Sadismo e masoquismo*).

~

Passa por ser defeito da raça africana, comunicado ao brasileiro, o erotismo, a luxúria, a depravação sexual. Mas o que se tem apurado entre os povos negros da África, como entre os primitivos em geral (...) é maior moderação do apetite sexual que entre os europeus (p.398 – repetida no tema *Sexualidade*).

~

Não há escravidão sem depravação sexual. É da essência mesma do regime (p.399 – repetida nos temas *Prostituição doméstica da casa- -grande* e *Sexualidade*).

~

Joaquim Nabuco colheu num manifesto escravocrata de fazendeiros as seguintes palavras, tão ricas de significação: "a parte mais produtiva da propriedade escrava é o ventre gerador" (p.399 – repetida nos temas *Prostituição doméstica da casa-grande* e *Sexualidade*).

~

Dentro [da] atmosfera moral, criada pelo interesse econômico dos senhores, como esperar que a escravidão – fosse o escravo mouro, negro, índio ou malaio – atuasse senão no sentido da dissolução, da libidinagem, da luxúria? O que se queria era que os ventres das mulheres gerassem. Que as negras produzissem moleques (p.399 – repetida nos temas *Prostituição doméstica da casa-grande* e *Sexualidade*).

~

[A] animalidade nos negros, essa falta de freio aos instintos, essa desbragada prostituição dentro de casa, animavam-na os senhores brancos. No interesse da procriação à grande, uns; para satisfazerem caprichos sensuais, outros (p.402 – repetida nos temas *Prostituição doméstica da casa-grande* e *Sexualidade*).

~

Não era o negro, portanto, o libertino: mas o escravo a serviço do interesse econômico e da ociosidade voluptuosa dos senhores. Não era a "raça inferior" a fonte de corrupção, mas o abuso de uma raça por outra. Abuso que implicava em conformar-se a servil com os apetites da todo-poderosa (p.402 – repetida nos temas *Prostituição doméstica da casa-grande* e *Sexualidade*).

~

(...) somos forçados a concluir (...) que muita [da] castidade e [da] pureza [das senhoras brasileiras do tempo da escravidão] manteve-se à custa da prostituição da escrava negra; à custa da tão caluniada mulata; à custa da promiscuidade e da lassidão estimulada nas senzalas pelos próprios senhores brancos (p.539 – repetida nos temas *Prostituição doméstica da casa-grande* e *Sexualidade*).

~

Compreende-se que os fundadores da lavoura de cana no trópico americano se tivessem impregnado, em condições de meio físico tão adversas ao seu esforço, do preconceito de que "trabalho é só pra negro". Mas já seus avós, vivendo em clima suave, haviam transformado o verbo *trabalhar* em *mourejar* (p.319-320 – repetida nos temas *Triângulo da dominação: monocultura, aristocratismo, latifúndio* e *Influência moura*).

~

O mesmo interesse econômico dos senhores em aumentar o rebanho de escravos que corrompeu a família patriarcal no Brasil e em Portugal corrompeu-a no sul dos Estados Unidos. Os viajantes que lá estiveram durante o tempo da escravidão referem fatos que parecem do Brasil (p.461 – repetida no tema *O chamado* "deep South").

MÍSTICA JUDAICA

Pode-se atribuir à influência israelita muito do mercantilismo no caráter e nas tendências do português: mas também é justo que lhe atribuamos o excesso oposto: o bacharelismo. O legalismo. O misticismo jurídico (p.307).

~

O próprio anel no dedo, com rubi ou esmeralda, do bacharel ou do doutor brasileiro, parece-nos reminiscência oriental, de sabor israelita. Outra reminiscência sefardínica: a mania dos óculos e do pincenê – usados também como sinal de sabedoria ou de requinte intelectual e científico (p.307).

~

Concorreram os judeus em Portugal, e em partes da Espanha, para o horror à atividade manual e para o regime do trabalho escravo – tão característico da Espanha e de Portugal (p.309).

~

Ao lado da tradição moura, foi a influência dos frades, grandes agricultores, a força que em Portugal mais contrariou a dos judeus. Se mais tarde o parasitismo invadiu até os conventos é que nem a formidável energia dos monges pôde remar contra a maré. Contra o Oceano Atlântico – diga-se literalmente. Tanto mais que no sentido do grande oceano, e das aventuras ultramarinas de imperialismo e de comércio, remavam os fortes interesses israelistas, tradicionalmente marítimos e antiagrários (p.312 – parte da citação repetida no tema *Influência moura* e completa no tema *Mosteiros portugueses: elite intelectual e agrária*).

O que sucedeu com os mouros, verificou-se também, até certo ponto, com os judeus. De uns e de outros deixou-se penetrar, em suas várias camadas, a sociedade portuguesa. E nunca (...) as classes estratificaram-se em Portugal a ponto de simplesmente pelo nome de pessoa ou família poder identificar-se o nobre ou o plebeu, o judeu ou o cristão, o hispano ou o mouro (p.293 – repetida nos temas *Plasticidade do português* e *Influência moura*).

INTROVERSÃO *VERSUS* EXTROVERSÃO

O indígena na América, caracteristicamente introvertido, e, portanto, de difícil adaptação. O negro, o tipo do extrovertido. O tipo do homem fácil, plástico, adaptável (p.371).

~

As exigências do novo regime de trabalho, o agrário, o índio não correspondeu, envolvendo-se em uma tristeza de introvertido (p.229).

~

Fique bem claro: não pretendemos negar ao critério de tipos psicológicos a possibilidade de vantajosa aplicação à discriminação de traços étnicos. A introversão do índio, em contraste com a extroversão do negro da África, pode-se verificar a qualquer momento no fácil laboratório que, para experiências desse gênero, é o Brasil (p.371-372).

~

Contrastando-se o comportamento de populações negroides como a baiana – alegre, expansiva, sociável, loquaz – com outras menos influenciadas pelo sangue negro e mais pelo indígena – a piauiense, a paraibana ou mesmo a pernambucana – tem-se a impressão de povos diversos (p.372).

~

Populações tristonhas, caladas, sonsas e até sorumbáticas, as do extremo Nordeste, principalmente nos sertões; sem a alegria comunicativa dos baianos; sem aquela sua petulância às vezes irritante. Mas também sem a sua graça, a sua espontaneidade, a sua cortesia, o seu riso bom e contagioso (p.372).

Na Bahia tem-se a impressão de que todo dia é dia de festa. Festa de igreja brasileira com folha de canela, bolo, foguete, namoro (p.372).

~

Foi ainda o negro quem animou a vida doméstica do brasileiro de sua maior alegria. O português, já de si melancólico, deu no Brasil para sorumbático, tristonho; e do caboclo nem se fala: calado, desconfiado, quase um doente na sua tristeza (p.551).

~

A risada do negro é que quebrou toda essa "apagada e vil tristeza" em que se foi abafando a vida nas casas-grandes. Ele que deu alegria aos são-joões de engenho; que animou os bumbas meu boi, os cavalos-marinhos, os carnavais, as festas de Reis. Que à sombra da Igreja inundou das reminiscências alegres de seus cultos totêmicos e fálicos as festas populares do Brasil... (p.551).

~

Nos engenhos, tanto nas plantações como dentro de casa (...), os negros trabalharam sempre cantando: seus cantos de trabalho, tanto quanto os de xangô, os de festa, os de ninar menino pequeno, encheram de alegria africana a vida brasileira (p.551).

~

Maria Graham ainda alcançou o tempo dos senhores das casas-grandes mandarem os negros cantar suas cantorias africanas quando chegava ao engenho qualquer visita. Cantos de trabalho. Cantos religiosos (p.552).

~

Os pretos foram os músicos da época colonial e do tempo do Império. Os moleques, meninos de coro nas igrejas. Várias capelas de engenho tiveram coros de negros... (p.505).

~

No engenho Monjope, em Pernambuco – por muito tempo de uns Carneiro da Cunha que acabaram barões de Vera Cruz – houve não só banda de música de negros, mas circo de cavalinhos em que os escravos faziam de palhaços e de acrobatas (p.505).

~

Muito menino brasileiro deve ter tido por seu primeiro herói, não nenhum médico, oficial de marinha ou bacharel branco, mas um escravo acrobata que viu executando piruetas difíceis nos circos e bumbas meu boi de engenho; ou um negro tocador de pistom ou de flauta (p.505).

Bandeirantismo

Com o bandeirante o Brasil autocoloniza-se (p.88-89).

~

Se é certo que o furor expansionista dos bandeirantes conquistou-nos verdadeiros luxos de terras, é também exato que nesse desadoro de expansão comprometeu-se a nossa saúde econômica e quase que se comprometia a nossa unidade política (p.89).

~

Felizmente aos impulsos de dispersão [dos bandeirantes] e aos perigos, deles decorrentes, de diferenciação e separatismo, opuseram-se desde o início da nossa vida colonial forças quase da mesma agressividade, neutralizando-os ou pelo menos amolecendo-os (p.89).

~

Em contraste com o nomadismo aventureiro dos bandeirantes – em sua maioria mestiços de brancos com índios – os senhores das casas-grandes representaram na formação brasileira a tendência mais caracteristicamente portuguesa, isto é, pé de boi, no sentido de estabilidade patriarcal (p.42).

~

Muito auxiliou o índio ao bandeirante mameluco, os dois excedendo ao português em mobilidade, atrevimento e ardor guerreiro... (p.163 – citação completa/acrescida repetida no tema *Índio macho* e parte dela no tema *Predisposições africanas*).

~

[A contribuição do índio macho] Foi formidável: mas só na obra de devastamento e de conquista dos sertões, de que ele foi o guia, o canoeiro, o guerreiro, o caçador e pescador (p.163 – repetida no tema *Índio macho*).

MÍSTICA SERTANEJA

A suposta imunidade absoluta do sertanejo do sangue ou da influência africana não resiste a exame demorado. Se são numerosos os brancos puros em certas zonas sertanejas, em outras se fazem notar resíduos africanos (p.108).

～

A virgindade que ele [o sertanejo] conserva é a de mulher. E nisto tem consistido sua superioridade tremenda sobre o menino de engenho (p.459).

～

Certas tendências do caráter do sertanejo puxando para o ascetismo; alguma coisa de desconfiado nos seus modos e atitude; o ar de seminarista que guarda a vida inteira; sua extraordinária resistência física; seu corpo anguloso de Dom Quixote, em contraste com as formas mais arredondadas e macias dos brejeiros e dos indivíduos do litoral; sua quase pureza de sangue, que só agora começa a contaminar-se de sífilis e de doenças venéreas – são traços que se ligam da maneira mais íntima ao fato do sertanejo em geral, e particularmente nas zonas mais isoladas das capitais e das feiras de gado, só conhecer mulher tarde; e quase sempre pelo casamento (p.459).

～

Fosse o clima a causa principal da sensualidade brasileira e teria agido sobre os sertanejos ao mesmo tempo que sobre os brejeiros e as populações do litoral; e não três séculos depois (p.460).

ARQUITETURA DA CASA-GRANDE

A casa-grande de engenho que o colonizador começou, ainda no século XVI, a levantar no Brasil – grossas paredes de taipa ou de pedra e cal, coberta de palha ou de telha-vã, alpendre na frente e dos lados, telhados caídos em um máximo de proteção contra o sol forte e as chuvas tropicais – não foi nenhuma reprodução das casas portuguesas, mas uma expressão nova, correspondendo ao nosso ambiente físico e a uma fase surpreendente, inesperada, do imperialismo português... (p.35).

∾

Basta comparar-se a planta de uma casa-grande brasileira do século XVI com a de um solar lusitano do século XV para sentir-se a diferença enorme entre o português do reino e o português do Brasil (p.36).

∾

Se a casa-grande absorveu das igrejas e conventos valores e recursos de técnica, também as igrejas assimilaram caracteres da casa-grande: o copiar, por exemplo (p.37).

∾

Nada mais interessante que certas igrejas do interior do Brasil com alpendre na frente ou dos lados como qualquer casa de residência (p.37).

∾

O que a arquitetura das casas-grandes adquiriu dos conventos [portugueses] foi antes certa doçura e simplicidade franciscana (p.37).

∾

A arquitetura jesuítica e de igreja foi (...) a expressão mais alta e erudita de arquitetura no Brasil colonial. Influenciou certamente a da casa-grande. Esta, porém, seguindo seu próprio ritmo, seu sentido patriarcal, e experimentando maior necessidade que a puramente eclesiástica de adaptar-se ao meio, individualizou-se e criou tamanha importância que acabou dominando a arquitetura de convento e de igreja. Quebrando-lhe o roço jesuítico, a verticalidade espanhola para achatá-la doce, humilde, subserviente em capela de engenho (p.37 – repetida no tema *Cristianismo*).

~

No Brasil, a catedral ou a igreja mais poderosa que o próprio rei seria substituída pela casa-grande de engenho (p.271 – repetida no tema *Cristianismo*).

~

A verdade é que em torno dos senhores de engenho criou-se o tipo de civilização mais estável na América hispânica; e esse tipo de civilização, ilustra-o a arquitetura gorda, horizontal, das casas-grandes. Cozinhas enormes; vastas salas de jantar; numerosos quartos para filhos e hóspedes; capela; puxadas para acomodação dos filhos casados; camarinhas no centro para a reclusão quase monástica das moças solteiras; gineceu; copiar; senzala (p.43).

~

O estilo das casas-grandes – estilo no sentido spengleriano – pode ter sido de empréstimo; sua arquitetura, porém, foi honesta e autêntica. Brasileirinha da silva. Teve alma (p.43).

~

A força concentrou-se nas mãos dos senhores rurais. Donos das terras. Donos dos homens. Donos das mulheres. Suas casas representam esse imenso poderio feudal. "Feias e fortes". Paredes grossas. Alicerces profundos. Óleo de baleia (p.38).

~

Refere uma tradição nortista que um senhor de engenho mais ansioso de perpetuidade não se conteve: mandou matar dois escravos e enterrá-los nos alicerces da casa. O suor e às vezes o sangue dos negros foi o óleo que mais do que o de baleia ajudou a dar aos alicerces das casas-grandes sua consistência quase de fortaleza (p.38).

O irônico, porém, é que, por falta de potencial humano, toda essa solidez arrogante [da casa-grande] de forma e de material foi muitas vezes inútil: na terceira ou quarta geração, casas enormes edificadas para atravessar séculos começaram a esfarelar-se de podres por abandono e falta de conservação. Incapacidade dos bisnetos ou mesmo netos para conservarem a herança ancestral (p.38).

~

(...) toda [a] glória [da casa-grande] virou monturo. No fim de contas as igrejas é que têm sobrevivido às casas-grandes (p.38).

Complexo social da casa-grande

A casa-grande, completada pela senzala, representa todo um sistema econômico, social, político: de produção (a monocultura latifundiária); de trabalho (a escravidão); de transporte (o carro de boi, o banguê, a rede, o cavalo); de religião (o catolicismo de família, com capelão subordinado ao *pater familias*, culto dos mortos etc.); de vida sexual e de família (o patriarcalismo polígamo); de higiene do corpo e da casa (o "tigre", a touceira de bananeira, o banho de rio, o banho de gamela, o banho de assento, o lava-pés); de política (o compadrismo) (p.36).

~

Foi ainda [a casa-grande] fortaleza, banco, cemitério, hospedaria, escola, santa-casa de misericórdia amparando os velhos e as viúvas, recolhendo órfãos (p.36).

~

A casa-grande venceu no Brasil a Igreja, nos impulsos que esta a princípio manifestou para ser a dona da terra. Vencido o jesuíta, o senhor de engenho ficou dominando a colônia quase sozinho. O verdadeiro dono do Brasil. Mais do que os vice-reis e os bispos (p.38).

~

Na ordem de sua influência, as forças que dentro do sistema escravocrata atuaram no Brasil sobre o africano recém-chegado foram: a igreja (menos a Igreja com I grande, que a outra, com i pequeno, dependência do engenho ou da fazenda patriarcal); a senzala; a casa-grande propriamente dita – isto é, considerada como parte, e não dominador do sistema de colonização e formação patriarcal do Brasil (p.440).

A história social da casa-grande é a história íntima de quase todo brasileiro: da sua vida doméstica, conjugal, sob o patriarcalismo escravocrata e polígamo; da sua vida de menino; do seu cristianismo reduzido à religião de família e influenciado pelas crendices da senzala (p.44 – repetida nos temas *Cristianismo* e *Estudos de vida íntima: uma metodologia*).

~

Nas casas-grandes foi até hoje onde melhor se exprimiu o caráter brasileiro; a nossa continuidade social. No estudo da sua história íntima despreza-se tudo o que a história política e militar nos oferece de empolgante por uma quase rotina de vida: mas dentro dessa rotina é que melhor se sente o caráter de um povo (p.45 – repetida no tema *Estudos de vida íntima: uma metodologia*).

~

(...) os colonos do Brasil, do mesmo modo que os espanhóis e os portugueses, pouca importância ligavam a mobiliário ou a quadros; só faziam questão de grandes casas. De grandes casas e de muitos escravos, festas de igreja, mulheres, molecas (p.520).

~

Muitas casas-grandes [com a usina] ficaram vazias, os capitalistas latifundiários rodando de automóvel pelas cidades, morando em chalés suíços e palacetes normandos, indo a Paris se divertir com as francesas de aluguel (p.52).

Assombrações da casa-grande

Por segurança e precaução contra os corsários, contra os excessos demagógicos, contra as tendências comunistas dos indígenas e dos africanos, os grandes proprietários, nos seus zelos exagerados de privativismo, enterraram dentro de casa as joias e o ouro do mesmo modo que os mortos queridos (p.40).

~

Os dois fortes motivos [mortos e joias enterradas] das casas-grandes acabarem sempre mal-assombradas com cadeiras de balanço se balançando sozinhas sobre tijolos soltos que de manhã ninguém encontra; com barulho de pratos e copos batendo de noite nos aparadores; com almas de senhores de engenho aparecendo aos parentes ou mesmo estranhos pedindo padres-nossos, ave-marias, gemendo lamentações, indicando lugares com botijas de dinheiro (p.40).

~

Joaquim Nabuco, criado por sua madrinha na casa-grande de Massangana, morreu sem saber que destino tomara a ourama para ele reunida pela boa senhora; e provavelmente enterrada em algum desvão de parede. Já ministro em Londres, um padre velho falou-lhe do tesouro que Da. Ana Rosa juntara para o afilhado querido. Mas nunca se encontrou uma libra sequer (p.41).

~

Mas foram principalmente as casas-grandes que se fizeram de bancos na economia colonial; e são quase sempre almas penadas de senhores de engenho que aparecem pedindo padres-nossos e ave-marias (p.41).

~

Também os frades desempenharam funções de banqueiros nos tempos coloniais (p.41).

Muito dinheiro se deu para guardar aos frades nos seus conventos duros e inacessíveis como fortalezas. Daí as lendas, tão comuns no Brasil, de subterrâneos de convento com dinheiro ainda por desenterrar (p.41).

∿

(...) os mal-assombrados costumam reproduzir as alegrias, os sofrimentos, os gestos mais característicos da vida nas casas-grandes (p.42).

Família patriarcal: unidade colonizadora

A nossa verdadeira formação social se processa de 1532 em diante, tendo a família rural ou semirrural por unidade, quer através de gente casada vindo do reino, quer das famílias aqui constituídas pela união de colonos com mulheres caboclas ou com moças órfãs ou mesmo à toa, mandadas vir de Portugal pelos padres casamenteiros (p.85).

∼

A formação patriarcal do Brasil explica-se, tanto nas suas virtudes como nos seus defeitos, menos em termos de "raça" e de "religião" do que em termos econômicos, de experiência de cultura e de organização da família, que foi aqui a unidade colonizadora (p.34).

∼

A família, não o indivíduo, nem tampouco o Estado nem nenhuma companhia de comércio, é desde o século XVI o grande fator colonizador no Brasil, a unidade produtiva, o capital que desbrava o solo, instala as fazendas, compra escravos, bois, ferramentas, a força social que se desdobra em política, constituindo-se na aristocracia colonial mais poderosa da América. Sobre ela o rei de Portugal quase que reina sem governar (p.81 – repetida no tema *Colonização: iniciativa privada*).

∼

Vivo e absorvente órgão da formação social brasileira, a família colonial reuniu, sobre a base econômica da riqueza agrícola e do trabalho escravo, uma variedade de funções sociais e econômicas. Inclusive (...) a do mando político: o oligarquismo ou nepotismo, que aqui madrugou, chocando-se ainda em meados do século XVI com o clericalismo dos padres da Companhia (p.85).

Pela presença de um tão forte elemento ponderador como a família rural ou, antes, latifundiária, é que a colonização portuguesa do Brasil tomou desde cedo rumo e aspectos sociais tão diversos da teocrática, idealizada pelos jesuítas – e mais tarde por eles realizada no Paraguai – da espanhola e da francesa (p.85).

~

O luxo asiático, que muitos imaginam generalizado ao norte açucareiro, circunscreveu-se a famílias privilegiadas de Pernambuco e da Bahia. E este mesmo um luxo mórbido, doentio, incompleto. Excesso em umas coisas, e esse excesso à custa de dívidas; deficiências em outras. Palanquins forrados de seda, mas telha-vã nas casas-grandes e bichos caindo na cama dos moradores (p.101).

~

(...) foi costume sepultarem-se os senhores e pessoas da família quase dentro de casa: em capelas que eram verdadeiras puxadas da habitação patriarcal. Os mortos ficavam na companhia dos vivos... (p.526 – repetida no tema *Mortes em tempos patriarcais*).

~

O costume de se enterrarem os mortos dentro de casa – na capela, que era uma puxada da casa – é bem característico do espírito patriarcal de coesão de família (p.38).

~

Os mortos continuavam sob o mesmo teto que os vivos. Entre os santos e as flores devotas. Santos e mortos eram afinal parte da família (p.38).

~

Abaixo dos santos e acima dos vivos ficavam, na hierarquia patriarcal, os mortos, governando e vigiando o mais possível a vida dos filhos, netos, bisnetos (p.40 – repetida no tema *Cristianismo*).

~

Em muita casa-grande conservavam-se [os] retratos [dos mortos] no santuário, entre as imagens dos santos, com direito à mesma luz votiva de lamparina de azeite e às mesmas flores devotas. Também se conservavam às vezes as tranças das senhoras, os cachos dos meninos que morriam anjos (p.40 – repetida no tema *Cristianismo*).

~

Maria Graham ficou encantada com certos aspectos da vida de família no Brasil: um apego, uma intimidade, uma solidariedade entre as pessoas do mesmo sangue que lhe recordaram o espírito de clã dos escoceses. Mas notou esta inconveniência: dos casamentos só se realizarem entre parentes. Principalmente tios com sobrinhas. Casamentos (...) que em vez de alargarem as relações da família e de difundirem a propriedade, concentravam-nas, estreitando-as e limitando-as (p.425).

PRIMEIRA COMUNHÃO DA SINHAZINHA

Desde o dia da primeira comunhão que deixavam as meninas de ser crianças: tornavam-se sinhá-moças (p.427 – repetida no tema *Sinhazinhas, sinhá-moças, sinhá-donas*).

～

Era um grande dia. Maior só o do casamento. Vestido comprido todo de cassa, guarnecido de folhos e pregas. O corpete franzido. A faixa de fita azul caindo para trás, em pontas largas, sobre o vestido branco. A bolsa esmoleira de tafetá. O véu de filó. A capela de flor de laranja. Os sapatinhos de cetim. As luvas de pelica. O livrinho de missa encadernado em madrepérola. O terço, de cordãozinho de ouro. Cruz também de ouro (p.427).

～

O livrinho de missa nem sempre se sabia ler (p.428).

～

CASAMENTO PATRIARCAL

Foi geral, no Brasil, o costume de as mulheres casarem cedo. Aos doze, treze, quatorze anos. Com filha solteira de quinze anos dentro de casa já começavam os pais a se inquietar e a fazer promessa a Santo Antônio ou São João. Antes dos vinte anos, estava a moça solteirona. O que hoje é fruto verde, naqueles dias tinha-se medo que apodrecesse de maduro, sem ninguém o colher a tempo (p.429).

❧

Aí vinha colhê-las verdes o casamento: aos treze e aos quinze anos. Não havia tempo para explodirem em tão franzinos corpos de menina grandes paixões lúbricas, cedo saciadas ou simplesmente abafadas no tálamo patriarcal. Abafadas sob as carícias de maridos dez, quinze, vinte anos mais velhos; e muitas vezes inteiramente desconhecidos das noivas. Maridos da escolha ou da conveniência exclusiva dos pais (p.423).

❧

Quem tivesse sua filha, que a casasse meninota. Porque depois de certa idade as mulheres pareciam não oferecer o mesmo sabor de virgens ou donzelas que aos doze ou aos treze anos. Já não conservavam o provocante verdor de meninas-moças apreciado pelos maridos de trinta, quarenta anos. Às vezes de cinquenta, sessenta, e até setenta (p.429).

❧

Ainda hoje, nas velhas zonas rurais, o folclore guarda a reminiscência dos casamentos precoces para a mulher; e a ideia de que a virgindade só tem gosto quando colhida verde (p.430).

Bacharéis de bigodes lustrosos de brilhantina, rubi no dedo, possibilidades políticas. Negociantes portugueses redondos e grossos; suíças enormes; grandes brilhantes no peitilho da camisa, nos punhos e nos dedos. Oficiais. Médicos. Senhores de engenho (p.423).

~

O casamento era dos fatos mais espaventosos em nossa vida patriarcal. Festa de durar seis, sete dias, simulando-se às vezes a captura da noiva pelo noivo (p.432).

~

Preparava-se com esmero a "cama dos noivos" – fronhas, colchas, lençóis, tudo bordado a capricho, em geral, por mãos de freiras; e exposto no dia do casamento aos olhos dos convidados (p.432).

~

Matavam-se bois, porcos, perus. Faziam-se bolos, doces e pudins de todas as qualidades. Os convivas eram em tal número que nos engenhos era preciso levantar barracões para acomodá-los. Danças europeias na casa-grande. Samba africano no terreiro. Negros alforriados em sinal de regozijo. Outros dados à noiva de presente ou de dote: "tantos pretos", "tantos moleques", uma "cabrinha" (p.432).

~

[No século XIX] modificou-se o [costume] das mulheres só chamarem o marido de "senhor"; as mais afoitas foram chamando-o de "tu", as outras de "você", acabando-se com o rígido tratamento colonial de "senhor" da parte das esposas e dos filhos. Até então, esposas e filhos se achavam quase no mesmo nível dos escravos (p.509).

~

[Dos] casamentos feitos pelos pais nem sempre resultaram dramas ou infelicidades. Talvez pelo fato dos velhos, pensando a frio, encararem o problema com mais realismo e melhor senso prático que os jovens romanticamente apaixonados (p.423).

Sinhazinhas, sinhá-moças, sinhá-donas

À menina, a esta negou-se tudo que de leve parecesse independência. Até levantar a voz na presença dos mais velhos. Tinha-se horror e castigava-se a beliscão a menina respondona ou saliente; adoravam-se as acanhadas, de ar humilde (p.510).

~

O ar humilde que as filhas de Maria ainda conservam nas procissões e nos exercícios devotos da Semana Santa, as meninas de outrora conservavam o ano inteiro (p.510).

~

As meninas criadas em ambiente rigorosamente patriarcal, estas viveram sob a mais dura tirania dos pais – depois substituída pela tirania dos maridos (p.510).

~

Desde o dia da primeira comunhão que deixavam as meninas de ser crianças: tornavam-se sinhá-moças (p.427 – repetida no tema *Primeira comunhão da sinhazinha*).

~

(...) durante o dia, a moça ou menina branca estava sempre sob as vistas de pessoa mais velha ou da mucama de confiança. Vigilância que se aguçava durante a noite (p.422).

~

(...) o ambiente em que eram criadas [as meninas-moças] nas casas-grandes dificilmente permitia aventuras (...) arriscadas. (...)

Objetar-se-á que o sexo é todo-poderoso quando desembestado; e não o negamos de modo algum. A dificuldade que reconhecemos é mais a física: a das grossas paredes, a dos verdadeiros ralos de convento em que, nas casas-grandes, se guardavam as sinhá-moças (p.422-423).

≈

À dormida das meninas e moças reservava-se, nas casas-grandes, a alcova, ou camarinha, bem no centro da casa, rodeada de quartos de pessoas mais velhas. Mais uma prisão que aposento de gente livre. Espécie de quarto de doente grave que precisasse da vigília de todos (p.422).

≈

De modo que [as meninas] deviam estar sempre prevenidas; e nunca se considerarem sozinhas, nem mesmo para inocentes namoros de leque, de lenço ou de recados trazidos pelas negras boceteiras (p.510).

≈

[Quinze anos] Idade em que já eram sinhá-donas; senhoras casadas. Algumas até mães (p.431 – citação repetida completa e acrescida nos temas *Indumentária* e *Indolência*).

≈

Dizia-se outrora em Portugal, como advertência aos indiscretos no falar e no escrever, que detrás de cada tinteiro estava um frade. Um olho ou um ouvido de frade do Santo Ofício vendo os atos e ouvindo as palavras menos ortodoxas (p.510).

≈

No Brasil o olho de frade enredeiro não desapareceu das casas [patriarcais]... (p.510).

≈

Mas em geral, [nas] histórias de filhas ou esposas assassinadas pelos patriarcas, andou sempre enredo, ou de frade ou de escrava. Principalmente de escrava (p.511).

No Brasil quem tivesse seu namoro ou seu segredo, que desconfiasse não só dos tinteiros, por trás dos quais podiam andar frades escondidos, mas, principalmente, dos tachos de doce. Por trás dos tachos de doce estavam às vezes olhos de negras enredeiras (p.511).

~

E se mucamas e moleques foram quase sempre aliados naturais dos filhos contra os "senhores pais", das mulheres de quinze anos contra os "senhores maridos" de quarenta e cinquenta, de sessenta e setenta, houve casos de escravas enredeiras e fuxiquentas, umas delatoras, outras que por vingança inventaram histórias de namoro das sinhá-moças ou das sinhá-donas (p.510 – repetida no tema *Amas negras e mucamas*).

~

Tudo, porém, nos leva a crer na extrema dificuldade das aventuras de amor das mulheres coloniais, a toda hora cercadas de olhos indiscretos. Olhos de frades. Olhos de negros. Olhos de sogras. Os olhos dos negros mais vigilantes, elas podiam mandar arrancar sob um pretexto qualquer. Mas os dos frades e os das sogras eram de mais difícil eliminação (p.514).

~

No meado do século XIX, Burton, no sul do Brasil, ficou encantado com as mineiras de treze para dezesseis anos. (...) Outro que se deixou seduzir pelas meninas-moças do Brasil foi von den Steinen (...). Pena que tão cedo se desfolhassem essas entrefechadas rosas. Que tão cedo murchasse sua estranha beleza. Que seu encanto só durasse mesmo até os quinze anos (p.431).

~

Mulheres sem ter, às vezes, o que fazer. A não ser dar ordens estridentes aos escravos; ou brincar com papagaios, saguis, molequinhos. Outras, porém, preparavam doces finos para o marido; cuidavam dos filhos. As devotas, cosiam camisinhas para o Menino Jesus ou bordavam panos para o altar de Nossa Senhora. Em compensação, havia freiras que se encarregavam de coser enxovais de casamento e de batizado para as casas-grandes (p.432).

[As moças] se casavam todas antes do tempo; algumas fisicamente incapazes de ser mães em toda a plenitude. Casadas, sucediam-se nelas os partos. Um filho atrás do outro. Um doloroso e contínuo esforço de multiplicação. Filhos muitas vezes nascidos mortos – anjos que iam logo se enterrar em caixõezinhos azuis. Outros que se salvavam da morte por milagre. Mas todos deixando as mães uns mulambos de gente (p.443 – repetida no tema *Amamentação*).

~

Nas províncias viviam as senhoras num sistema de semirreclusão oriental, é certo; mas dentro desse sistema, eram mulheres de uma pureza rara (p.538-539).

~

[A] multiplicação de gente se fazia à custa do sacrifício das mulheres, verdadeiras mártires em que o esforço de gerar, consumindo primeiro a mocidade, logo consumia a vida (p.443-444).

Culumins, ioiôs, moleques

Do menino (...) salientaremos (...) o papel que representou em momento, se não dramático, decisivo, de contato entre as duas culturas, a europeia e a indígena; quer como veículo civilizador do missionário católico junto ao gentio, quer como o conduto por onde preciosa parte de cultura aborígine escorreu das tabas para as "missões" e daí para a vida, em geral, da gente colonizadora. Para as próprias casas-grandes patriarcais (p.198).

~

A melhor atenção do jesuíta no Brasil fixou-se vantajosamente no menino indígena. Vantajosamente sob o ponto de vista, que dominava o padre da S. J., de dissolver no selvagem, o mais breve possível, tudo o que fosse valor nativo em conflito sério com a teologia e com a moral da Igreja (p.218 – repetida no tema *Cristianismo*).

~

O culumim, o padre ia arrancá-lo verde à vida selvagem: com dentes apenas de leite para morder a mão intrusa do civilizador; ainda indefinido na moral e vago nas tendências. Foi, pode-se dizer, o eixo da atividade missionária: dele o jesuíta fez o homem artificial que quis (p.218 – repetida no tema *Cristianismo*).

~

O processo civilizador dos jesuítas consistiu principalmente nesta inversão: no filho educar o pai; no menino servir de exemplo ao homem; na criança trazer ao caminho do Senhor e dos europeus a gente grande (p.218 – repetida no tema *Cristianismo*).

O culumim tornou-se o cúmplice do invasor na obra de tirar à cultura nativa osso por osso, para melhor assimilação da parte mole aos padrões de moral católica e de vida europeia; tornou-se o inimigo dos pais, dos pajés, dos maracás sagrados, das sociedades secretas (p.218 – repetida no tema *Cristianismo*).

~

(...) pelo menino veio-nos a maior parte de elementos morais incorporados à nossa cultura: o conhecimento da língua, o de vários medos e abusões, o de diversos jogos e danças recreativas (p.221).

~

Em outra esfera foram os culumins mestres: mestres dos próprios pais, dos seus maiores, da sua gente. Aliados dos missionários contra os pajés na obra de cristianização do gentio (p.221).

~

De música inundou-se a vida dos catecúmenos. Os culumins acordavam de manhã cedo cantando. Bendizendo os nomes de Jesus e da Virgem Maria. (...) E todos juntos em grave latim de igreja (p.222 – repetida no tema *Cristianismo*).

~

A poesia e a música brasileiras surgiram [do] conluio de culumins e padres (p.222 – repetida no tema *Cristianismo*).

~

Bem cedo os culumins aprendiam a dançar e a cantar (p.207).

~

Pode-se generalizar do menino indígena que crescia livre de castigos corporais e de disciplina paterna ou materna. Entretanto a meninice não deixava de seguir uma espécie de liturgia ou ritual, como aliás toda a vida do primitivo (p.207).

~

De modo que não havendo castigo corporal nem disciplina de pai e mãe entre os indígenas do Brasil – de que tanto se espantaram os primeiros cronistas – havia, entretanto, [a] severa disciplina, a cargo principalmente dos velhos (p.208 – repetida no tema *Os baito: educação indígena*).

~

O menino crescia livre de fraldas, cueiros e panos que lhe dificultassem os movimentos. Mas não implicava essa liberdade em descuido das mães. Por faltar cueiros e fraldas de pano aos bebês dos Tupi nem por isso cresciam eles sujos ou nojentos (p.210).

~

Ao atingir a puberdade cortavam-lhe o cabelo no estilo que frei Vicente do Salvador descreve como de cabelo de frade; também à menina cortava-se o cabelo à homem (p.207).

~

O intercurso sexual de brancos dos melhores estoques – inclusive eclesiásticos, sem dúvida nenhuma, dos elementos mais seletos e eugênicos na formação brasileira – com escravas negras e mulatas foi formidável. Resultou daí grossa multidão de filhos ilegítimos – mulatinhos criados muitas vezes com a prole legítima, dentro do liberal patriarcalismo das casas-grandes; outros à sombra dos engenhos de frades; ou então nas "rodas" e orfanatos (p.531 – repetida nos temas *Sexualidade* e *Prostituição doméstica da casa-grande*).

~

As primeiras vítimas eram os moleques e animais domésticos; mais tarde é que vinha o grande atoleiro de carne: a negra ou a mulata. Nele é que se perdeu, como em areia gulosa, muita adolescência insaciável (p.455 – repetida no tema *Sadismo e masoquismo* e *Sexualidade*).

~

Através da submissão do moleque, seu companheiro de brinquedos e expressivamente chamado *leva-pancadas,* iniciou-se muitas vezes o menino branco no amor físico (p.113 – repetida no tema *Sexualidade*).

A vítima [do] esnobismo dos barões foi o filho. Que judiasse com os moleques e as negrinhas, estava direito; mas na sociedade dos mais velhos o judiado era ele (p.509 – repetida no tema *Sadismo e masoquismo*).

～

[As] funções [do moleque] foram as de prestadio mané-gostoso, manejado à vontade por nhonhô; apertado, maltratado e judiado como se fosse todo de pó de serra por dentro; de pó de serra e de pano como os judas de sábado de aleluia, e não de carne como os meninos brancos (p.419 – repetida no tema *Sadismo e masoquismo*).

～

Nas brincadeiras, muitas vezes brutas, dos filhos dos senhores de engenho, os moleques serviam para tudo: eram bois de carro, eram cavalos de montaria, eram bestas de almanjarras, eram burros de liteiras e de cargas as mais pesadas. Mas principalmente cavalos de carro (p.419-420 – repetida no tema *Sadismo e masoquismo*).

～

[Os] jogos e brincadeiras acusam nele [o menino] (...) tendências acremente sadistas. E não era só o menino de engenho, que em geral brincava de bolear carro, de matar passarinho e de judiar com moleque: também o das cidades (p.451-452 – repetida no tema *Sadismo e masoquismo*).

～

Mesmo no jogo de pião e no brinquedo de empinar papagaio achou jeito de exprimir-se o sadismo do menino das casas-grandes e dos sobrados do tempo da escravidão, através das práticas, de uma aguda crueldade infantil... (p.452 – repetida no tema *Sadismo e masoquismo*).

～

À mesa patriarcal das casas-grandes sentavam-se como se fossem da família numerosos mulatinhos. Crias. Malungos. Moleques de estimação. Alguns saíam de carro com os senhores, acompanhando-os aos passeios como se fossem filhos (p.435).

(...) houve molequinhos da senzala criados nas casas-grandes com os mesmos afagos e resguardos de meninos brancos. Coisa, já se vê, de iaiás solteironas, ou de senhoras maninhas, que não tendo filho para criar deram para criar moleque ou mulatinho. E às vezes com um exagero ridículo de dengos (p.458).

∿

Houve mães e mucamas que criaram os meninos para serem quase uns maricas. Moles e bambos. Sem andar a cavalo nem virar bunda-canastra com os moleques da bagaceira. Sem dormir sozinhos, mas na cama de vento da mucama. Sempre dentro da casa brincando de padre, de batizado e de pais das bonecas das irmãs (p.458).

∿

Amolegado por tantos mimos e resguardos da mãe e das negras, era natural que muito menino crescesse amarelo: a mesma palidez das irmãs e da mãe enclausuradas nas casas-grandes (p.458).

∿

Muito menino brasileiro do tempo da escravidão foi criado inteiramente pelas mucamas. Raro o que não foi amamentado por negra. Que não aprendeu a falar mais com a escrava do que com o pai e a mãe. Que não cresceu entre moleques. Brincando com moleques. Aprendendo safadeza com eles e com as negras da copa. E cedo perdendo a virgindade. Virgindade do corpo. Virgindade de espírito. Os olhos, dois borrões de sem-vergonhice. A boca como a das irmãs de Maria Borralheira: boca por onde só saía bosta. Meninos que só conversavam porcaria. Ou então conversas de cavalo, de galo de briga, de canário (p.433).

∿

O menino do tempo da escravidão parece que descontava os sofrimentos da primeira infância – doenças, castigos por mijar na cama, purgante uma vez por mês – tornando-se dos cinco aos dez anos verdadeiro menino-diabo (p.451 – repetida no tema *Sadismo e masoquismo*).

∿

Tirado o retrato da primeira comunhão, de sobrecasaca preta e botinas pretas ou borzeguins – todo esse luto a contrastar com o amarelo desmaiado do rosto anêmico – estava a criança rapaz (p.500).

Ele [o menino] que nos dias de festa devia apresentar-se de roupa de homem, e duro, correto, sem machucar o terno preto em brinquedo de criança. Ele que em presença dos mais velhos devia conservar-se calado, um ar seráfico, tomando a bênção a toda pessoa de idade que entrasse em casa e lhe apresentasse a mão suja de rapé. Ele que ao pai devia chamar "senhor pai" e à mãe "senhora mãe": a liberdade de chamar "papai" e mamãe" era só na primeira infância. Esse duro costume modificou-se, porém, no século XIX (p.509).

∼

Meninos-diabos eles só eram até os dez anos. Daí em diante tornavam-se rapazes. Seu trajo, o de homens-feitos. Seus vícios, os de homens. Sua preocupação, sifilizarem-se o mais breve possível... (p.499).

∼

Quando não estavam garanhando [os nhonhôs] sua ocupação era barganhar cavalos e bois e jogar o maior ponto e o trunfo na casa de purgar. Mas isso (...) depois de uma primeira infância de constipações, de clisteres, de lombrigas, de convalescenças; de uma primeira infância cheia de dengos, de agrados, de agarrados com as mucamas e com a mãe; de banhos mornos dados pelas negras; de mimos; de cavilação; de cafuné por mão de mulata; de leite mamado em peito de negra às vezes até depois da idade da mama; da farofa ou pirão com carne comido na mão gorda da mãe-preta; de pereba coçada por mulata; de bicho-de-pé tirado por negra; de sonos dormidos em colo da mucama (p.457).

∼

Os viajantes que aqui estiveram no século XIX são unânimes em destacar este ridículo da vida brasileira: os meninos, uns homenzinhos à força desde os nove ou dez anos. Obrigados a se comportarem como gente grande: o cabelo bem penteado, às vezes frisado à Menino Jesus; o colarinho duro; calça comprida; roupa preta; botinas pretas; o andar grave; os gestos sisudos; um ar tristonho de quem acompanha enterro (p.499).

Só depois de casado arrisca-se o filho a fumar na presença do pai; e fazer a primeira barba era cerimônia para que o rapaz necessitava sempre de licença especial. Licença sempre difícil, e só obtida quando o buço e a penugem da barba não admitiam mais demora (p.510 – repetida no tema *Educação patriarcal*).

~

Tanto o excesso de mimo de mulher na criação dos meninos e até dos mulatinhos, como o extremo oposto – a liberdade para os meninos brancos cedo vadiarem com os moleques safados na bagaceira, deflorarem negrinhas, emprenharem escravas, abusarem de animais – constituíram vícios de educação, talvez inseparáveis do regime de economia escravocrata, dentro do qual se formou o Brasil (p.459 – repetida nos temas *Educação patriarcal* e *Sexualidade*).

~

Vícios de educação que explicam melhor que o clima, e incomparavelmente melhor que os duvidosos efeitos da miscigenação sobre o sistema do mestiço, a precoce iniciação do menino brasileiro na vida erótica. Não negamos de todo a ação do clima... (p.459 – repetida nos temas *Educação patriarcal* e *Sexualidade*).

~

Foi quase um Brasil sem meninos, o dos nossos avós e bisavós (p.500).

Amamentação

De Portugal transmitira-se ao Brasil o costume das mães ricas não amamentarem os filhos, confiando-os ao peito de saloias ou escravas (p.443).

~

Com relação ao Brasil, seria absurdo atribuir-se à moda a aparente falta de ternura materna da parte das grandes senhoras. O que houve, entre nós, foi impossibilidade física das mães de atenderem a esse primeiro dever de maternidade (p.443).

~

[As moças] se casavam todas antes do tempo; algumas fisicamente incapazes de ser mães em toda a plenitude. Casadas, sucediam-se nelas os partos. Um filho atrás do outro. Um doloroso e contínuo esforço de multiplicação. Filhos muitas vezes nascidos mortos – anjos que iam logo se enterrar em caixõezinhos azuis. Outros que se salvavam da morte por milagre. Mas todos deixando as mães uns mulambos de gente (p.443 – repetida no tema *Sinhazinhas, sinhá-moças, sinhá-donas*).

~

(...) a nenhuma imposição da moda, deve-se atribuir a importância, em nossa organização doméstica, da escrava ama de leite, chamada da senzala à casa-grande para ajudar franzinas mães de quinze anos a criarem os filhos (p.444).

~

Talvez não seja ponto inteiramente desprezível o (...) do maior poder de amamentação da mulher preta que a branca nos países tropicais. A tradição brasileira não admite dúvida: para ama de leite não há como a negra (p.444).

Mas a razão principal do maior vigor das negras [na amamentação] que das brancas estaria porventura em suas melhores condições eugênicas. Em motivos principalmente sociais, e não de clima (p.444).

∼

A negra ou mulata para dar de mamar a nhonhô, para niná-lo, preparar-lhe a comida e o banho morno, cuidar-lhe da roupa, contar-lhe histórias, às vezes para substituir-lhe a própria mãe – é natural que fosse escolhida dentre as melhores escravas da senzala. Dentre as mais limpas, mais bonitas, mais fortes. Dentre as menos boçais e as mais ladinas – como então se dizia para distinguir as negras já cristianizadas e abrasileiradas, das vindas há pouco da África; ou mais renitentes no seu africanismo (p.435-436 – repetida no tema *Procedência dos escravos* e *Amas negras e mucamas*).

∼

Peitos de mulheres sãs, rijas, cor das melhores terras agrícolas da colônia. Mulheres cor de massapê e de terra roxa. Negras e mulatas que além do leite mais farto apresentavam-se satisfazendo outras condições, das muitas exigidas pelos higienistas portugueses do tempo de D. João V. Dentes alvos e inteiros (nas senhoras brancas era raro encontrar-se uma de dentes sãos, e pode-se afirmar, através dos cronistas, das anedotas e das tradições coloniais, ter sido essa uma das causas principais de ciúme ou rivalidade sexual entre senhoras e mucamas). Não serem primíparas. Não terem sardas. Serem mães de filhos sadios e vivedouros (p.445).

∼

Quanto às mães-pretas, referem as tradições o lugar verdadeiramente de honra que ficavam ocupando no seio das famílias patriarcais. Alforriadas, arredondavam-se quase sempre em pretalhonas enormes. Negras a quem se faziam todas as vontades: os meninos tomavam-lhe a bênção; os escravos tratavam-nas de senhoras; os boleeiros andavam com elas de carro. E dia de festa, quem as visse anchas e enganjentas entre os brancos de casa, havia de supô-las senhoras bem-nascidas; nunca ex-escravas vindas da senzala (p.435 – repetida no tema *Amas negras e mucamas*).

AMAS NEGRAS E MUCAMAS

À figura boa da ama negra que, nos tempos patriarcais, criava o menino lhe dando de mamar, que lhe embalava a rede ou o berço, que lhe ensinava as primeiras palavras de português errado, o primeiro "padre-nosso", a primeira "ave-maria", o primeiro "vôte!" ou "oxente", que lhe dava na boca o primeiro pirão com carne e "molho de ferrugem", ela própria amolegando a comida – outros vultos de negros se sucediam na vida do brasileiro de outrora. O vulto do moleque companheiro de brinquedo. O do negro velho, contador de histórias. O da mucama. O da cozinheira (p.419).

~

Quanto às mães-pretas, referem as tradições o lugar verdadeiramente de honra que ficavam ocupando no seio das famílias patriarcais. Alforriadas, arredondavam-se quase sempre em pretalhonas enormes. Negras a quem se faziam todas as vontades: os meninos tomavam-lhe a bênção; os escravos tratavam-nas de senhoras; os boleeiros andavam com elas de carro. E dia de festa, quem as visse anchas e enganjentas entre os brancos de casa, havia de supô-las senhoras bem-nascidas; nunca ex-escravas vindas da senzala (p.435 – repetida no tema *Amamentação*).

~

Sabe-se que enorme prestígio alcançaram as mucamas na vida sentimental da sinhazinhas. Pela negra ou mulata de estimação é que a menina se iniciava nos mistérios do amor (p.423).

~

Histórias de casamento, de namoros, ou outras, menos românticas, mas igualmente sedutoras, eram as mucamas que contavam às sinhazinhas nos doces vagares dos dias de calor; a menina sentada, à mourisca, na esteira de pipiri, cosendo ou fazendo rendas; ou então deitada na rede, os cabelos soltos, a negra catando-lhe piolho, dando-lhe cafuné; ou enxotando-lhe as moscas do rosto com um abano. Suprira-se assim para uma aristocracia quase analfabeta a falta de leitura (p.424).

~

E se mucamas e moleques foram quase sempre aliados naturais dos filhos contra os "senhores pais", das mulheres de quinze anos contra os "senhores maridos" de quarenta e cinquenta, de sessenta e setenta, houve casos de escravas enredeiras e fuxiquentas, umas delatoras, outras que por vingança inventaram histórias de namoro das sinhá-moças ou das sinhá-donas (p.510 – repetida no tema *Sinhazinhas, sinhá-moças, sinhá-donas*).

~

(...) recebeu [o menino] também nos afagos da mucama a revelação de uma bondade porventura maior que a dos brancos; de uma ternura como não a conhecem igual os europeus; o contágio de um misticismo quente, voluptuoso, de que se tem enriquecido a sensibilidade, a imaginação, a religiosidade dos brasileiros (p.438).

~

Parece que as negras não ficam velhas tão depressa, nos trópicos, como as brancas; aos quarenta anos dão a impressão de corresponder às famosas mulheres de trinta anos dos países frios e temperados. Uma preta quarentona é ainda uma mulher apenas querendo ficar madura; ainda capaz de tentações envolventes (p.530).

~

A negra ou mulata para dar de mamar a nhonhô, para niná-lo, preparar-lhe a comida e o banho morno, cuidar-lhe da roupa, contar-lhe histórias, às vezes para substituir-lhe a própria mãe – é natural que fosse escolhida dentre as melhores escravas da senzala. Dentre as mais limpas, mais bonitas, mais fortes. Dentre as menos boçais e as mais ladinas – como então se dizia para distinguir as negras já cristianizadas e abrasileiradas, das vindas há pouco da África; ou mais renitentes no seu africanismo (p.435-436 – repetida nos temas *Procedência dos escravos* e *Amamentação*).

Educação patriarcal

Até meados do século XIX, quando vieram as primeiras estradas de ferro, o costume nos engenhos foi fazerem os meninos os estudos em casa, com o capelão ou com mestre particular. As casas-grandes tiveram quase sempre sala de aula, e muitas até cafua para o menino vadio que não soubesse a lição (p.501).

∾

(...) o ensino da caligrafia teve alguma coisa de litúrgico nos antigos colégios do Brasil. Escrevia-se com pena de ganso (p.508).

∾

Muitas vezes aos meninos se reuniam crias e moleques, todos aprendendo juntos a ler e a escrever; a contar e a rezar (p.501).

∾

Os colégios dos jesuítas nos primeiros dois séculos, depois os seminários e colégios de padre, foram os grandes focos de irradiação de cultura no Brasil colonial (p.501).

∾

Foi uma heterogênea população infantil a que se reuniu nos colégios dos padres, nos séculos XVI e XVII: filhos de caboclos arrancados aos pais; filhos de normandos encontrados nos matos; filhos de portugueses; mamelucos; meninos órfãos vindos de Lisboa. Meninos louros, sardentos, pardos, morenos, cor de canela (p.501 – repetida nos temas *Sociedades híbridas* e *Miscigenação*).

∾

Só negros e moleques parecem ter sido barrados das primeiras escolas jesuíticas. Negros e moleques retintos. Porque a favor dos pardos levantou-se no século XVII a voz del-Rei num documento que honra a cultura portuguesa e deslustra o cristianismo dos jesuítas... (p.501).

Os pretos e pardos no Brasil não foram apenas companheiros dos meninos brancos nas aulas das casas-grandes e até nos colégios; houve também meninos brancos que aprenderam a ler com professores negros. A ler e a escrever e também a contar pelo sistema de tabuada cantada (p.503).

E felizes dos meninos que aprenderam a ler e a escrever com professores negros, doces e bons. Devem ter sofrido menos que os outros: os alunos de padres, frades, "professores pecuniários", mestres-régios – estes uns ranzinzas terríveis, sempre fungando rapé; velhos caturras de sapato de fivela e vara de marmelo na mão. Vara ou palmatória. Foi à força de vara e palmatória que "os antigos", nossos avós e bisavós, aprenderam latim e gramática; doutrina e história sagrada (p.505).

~

Os padres-mestres e os capelães de engenho, que, depois da saída dos jesuítas, tornaram-se os principais responsáveis pela educação dos meninos brasileiros, tentaram reagir contra a onda absorvente da influência negra, subindo das senzalas às casas-grandes; e agindo mais poderosamente sobre a língua dos sinhô-moços e das sinhazinhas do que eles, padres-mestres, com todo o seu latim e com toda a sua gramática; com todo o prestígio das suas varas de marmelo e das suas palmatórias de sicupira (p.417 – repetida no tema *Linguagem*).

~

Vieram depois de 1850 as estradas de ferro facilitar o internato dos meninos de engenho nos colégios das capitais. Dessa fase em que se ampliou a influência dos internatos pode ser considerado típico o de Nossa Senhora do Bom Conselho, fundado em 1858 no Recife pelo bacharel Joaquim Barbosa Lima (p.506).

O mestre era um senhor todo-poderoso. Do alto de sua cadeira, que depois da Independência tornou-se uma cadeira quase de rei, com a coroa imperial esculpida em relevo no espaldar, distribuía castigos com o ar terrível de um senhor de engenho castigando negros fujões (p.507).

~

Ao vadio punha de braços abertos; ao que fosse surpreendido dando uma risada alta, humilhava com um chapéu de palhaço na cabeça para servir de mangação à escola inteira; a um terceiro, botava de joelhos sobre grãos de milho. Isto sem falarmos da palmatória e da vara – esta, muitas vezes com um espinho ou um alfinete na ponta, permitindo ao professor furar de longe a barriga da perna do aluno (p.507-508).

~

Preparados os bicos das penas de ganso, começava a tortura – o menino com a cabeça para o lado, a ponta da língua de fora, em uma atitude de quem se esforça para chegar à perfeição; o mestre, de lado, atento à primeira letra gótica que saísse troncha. Um errinho, qualquer – e eram bordoadas nos dedos, beliscões pelo corpo, puxavante de orelha, um horror (p.508).

~

Vícios de educação que explicam melhor que o clima, e incomparavelmente melhor que os duvidosos efeitos da miscigenação sobre o sistema do mestiço, a precoce iniciação do menino brasileiro na vida erótica. Não negamos de todo a ação do clima... (p.459 – repetida nos temas *Culumins, ioiôs, moleques* e *Sexualidade*).

~

Tanto o excesso de mimo de mulher na criação dos meninos e até dos mulatinhos, como o extremo oposto – a liberdade para os meninos brancos cedo vadiarem com os moleques safados na bagaceira, deflorarem negrinhas, emprenharem escravas, abusarem de animais – constituíram vícios de educação, talvez inseparáveis do regime de economia escravocrata, dentro do qual se formou o Brasil (p.459 – repetida nos temas *Culumins, ioiôs, moleques* e *Sexualidade*).

Só depois de casado arrisca-se o filho a fumar na presença do pai; e fazer a primeira barba era cerimônia para que o rapaz necessitava sempre de licença especial. Licença sempre difícil, e só obtida quando o buço e a penugem da barba não admitiam mais demora (p.510 – repetida no tema *Culumins, ioiôs, moleques*).

~

Quem tiver a pachorra, em um dia de veneta, de passar a vista pelos compêndios, livros de leitura, aritméticas, por onde estudaram nossos avós coloniais e do tempo do Império, ficará com uma ideia de coisa terrivelmente melancólica que foi outrora aprender a ler (p.508-509).

~

Nossas avós, tantas delas analfabetas, mesmo quando baronesas e viscondessas, satisfaziam-se em contar os segredos ao padre confessor e à mucama de estimação; e a sua tagarelice dissolveu-se quase toda nas conversas com as pretas boceteiras, nas tardes de chuva ou nos meios--dias quentes, morosos (p.45 – repetida no tema *Linguagem*).

~

Muitas brasileiras, porém, tornaram-se baronesas e viscondessas do Império sem terem sido internas dos Recolhimentos: analfabetas, algumas; outras fumando como umas caiporas; cuspindo no chão; e ainda outras mandando arrancar dentes de escravas por qualquer desconfiança de xumbergação do marido com as negras (p.428 – repetida no tema *Linguagem*).

~

Creio que não há no Brasil um só diário escrito por mulher (p.45 – repetida no tema *Linguagem*).

Prostituição doméstica da casa-grande

Não há escravidão sem depravação sexual. É da essência mesma do regime (p.399 – repetida nos temas *Ação deletéria da escravidão* e *Sexualidade*).

~

O que sempre se apreciou [no sistema patriarcal] foi o menino que cedo estivesse metido com raparigas. Raparigueiro, como ainda hoje se diz. Femeeiro. Deflorador de mocinhas. E que não tardasse em emprenhar negras, aumentando o rebanho e o capital paternos (p.456 – repetida no tema *Sexualidade*).

~

Se este foi sempre o ponto de vista da casa-grande [a precocidade sexual do menino], como responsabilizar-se a negra da senzala pela depravação precoce do menino nos tempos patriarcais? O que a negra da senzala fez foi facilitar a depravação com sua docilidade de escrava; abrindo as pernas ao primeiro desejo do sinhô-moço. Desejo, não: ordem (p.456 – repetida nos temas *Ação deletéria da escravidão* e *Sexualidade*).

~

Não se pode atribuir ao regime de trabalho escravo, por si, toda a dissolução moral da sociedade portuguesa salientada pelos viajantes estrangeiros depois do século XV. Nem a devassidão era só portuguesa, mas ibérica, embora acentuando-se em traços mais grossos entre os portugueses (p.333 – repetida no tema *Sexualidade*).

~

(...) no civilizado o apetite sexual de ordinário se excita sem grandes provocações. Sem esforço (p.398 – repetida no tema *Sexualidade*).

No caso do brasileiro, desde menino tão guloso de mulher, atuaram, ainda com mais força, influências de caráter social contrárias à continência, ao ascetismo, à monogamia. Entre nós o clima tropical terá indiretamente contribuído para a superexcitação sexual de meninos e adolescentes; para a sua antecipação, tantas vezes mórbida, no exercício de funções sexuais e conjugais. Menos, porém, que as influências puramente sociais (p.334 – repetida no tema *Sexualidade*).

~

Superexcitados sexuais foram antes [os] senhores que as suas negras ou mulatas passivas. Mas nem eles: o ambiente de intoxicação sexual criou-o para todos o sistema econômico da monocultura e do trabalho escravo, em aliança secreta com o clima. O sistema econômico, porém, e seus efeitos sociais, em franca preponderância sobre a ação do clima (p.457 – repetida no tema *Sexualidade*).

~

Ninguém nega que a negra ou a mulata tenha contribuído para a precoce depravação do menino branco da classe senhoril; mas não por si, nem como expressão de sua raça ou do seu meio-sangue: como parte de um sistema de economia e de família: o patriarcal brasileiro (p.457 – repetida nos temas *Sexualidade* e *Ação deletéria da escravidão*).

~

A precoce voluptuosidade, a fome de mulher que aos treze ou quatorze anos faz de todo brasileiro um don-juan não vem do contágio ou do sangue da "raça inferior" mas do sistema econômico e social da nossa formação; e um pouco, talvez, do clima; do ar mole, grosso, morno, que cedo nos parece predispor aos chamegos do amor e ao mesmo tempo nos afastar de todo esforço persistente (p.403 – repetida nos temas *Sexualidade* e *Ação deletéria da escravidão*).

~

Introduzidas as mulheres africanas no Brasil dentro [de] condições irregulares de vida sexual, a seu favor não se levantou nunca, como a favor das mulheres índias, a voz poderosa dos padres da Companhia. De modo que por muito tempo as relações entre colonos e mulheres africanas foram as de franca lubricidade animal. Pura descarga de sentidos. Mas não que fossem as negras que trouxessem da África nos instintos, no sangue, na carne, maior violência sensual que as portuguesas ou as índias (p.516).

~

No senhor branco o corpo quase que se tornou exclusivamente o *membrum virile*. Mãos de mulher; pés de menino; só o sexo arrogantemente viril (p.518 – repetida nos temas *Indolência* e *Sexualidade*).

~

Cada branco de casa-grande ficou com duas mãos esquerdas, cada negro com duas mãos direitas. As mãos do senhor só servindo para desfiar o rosário no terço da Virgem; para pegar as cartas de jogar; para tirar rapé das bocetas ou dos corrimboques; para agradar, apalpar, amolegar os peitos das negrinhas, das mulatas, das escravas bonitas dos seus haréns (p.518 – repetida nos temas *Indolência* e *Sexualidade*).

~

Nenhuma casa-grande do tempo da escravidão quis para si a glória de conservar filhos maricas ou donzelões (p.456 – repetida no tema *Sexualidade*).

~

E não apenas os simples cristãos: também frades e eclesiásticos. Que muitos levaram a mesma vida turca e debochada dos senhores de engenho, sob a provocação de mulatinhas e negras da casa se arredondando em moças; de molecas criando peitos de mulher; e tudo fácil, ao alcance da mão mais indolente (p.530).

~

Talvez em nenhum país católico tenham até hoje os filhos ilegítimos, particularmente os de padre, recebido tratamento tão doce; ou crescido, em circunstâncias tão favoráveis (p.531 – repetida nos temas *Cristianismo* e *Sexualidade*).

~

O concurso de grande parte, senão da maioria deles, à obra de procriação, foi tão generosamente aceito em Portugal que as Ordenações do Reino mandavam que as justiças não prendessem nem mandassem prender clérigo algum, ou frade, por ter barregã (p.325 – repetida nos temas *Cristianismo* e *Sexualidade*).

~

No século XVI, com exceção dos jesuítas – donzelões intransigentes – padres e frades de ordens mais relassas em grande número se amancebaram com índias e negras... (p.531-532 – repetida nos temas *Cristianismo* e *Sexualidade*).

~

Através dos séculos XVII e XVIII e grande parte do XIX continuou o livre arregaçar de batinas para o desempenho de funções quase patriarcais, quando não para excessos de libertinagem com negras e mulatas (p.532 – repetida nos temas *Cristianismo* e *Sexualidade*).

~

(...) à formação brasileira não faltou o concurso genético de um elemento superior, recrutado entre as melhores famílias e capaz de transmitir à prole as maiores vantagens do ponto de vista eugênico e de herança social. Daí o fato de tanta família ilustre no Brasil fundada por padre ou cruzada com sacerdote; o fato de tanto filho e neto de padre, notável nas letras, na política, na jurisprudência, na administração (p.533 – repetida nos temas *Cristianismo* e *Sexualidade*).

~

Raros, entre nós, os eclesiásticos que se conservaram estéreis; e grande número contribuiu liberalmente para o aumento da população, reproduzindo-se em filhos e netos de qualidades superiores (p.534 – repetida nos temas *Cristianismo* e *Sexualidade*).

~

São numerosos os casos de brasileiros notáveis, filhos ou netos de padre (p.534 – repetida nos temas *Cristianismo* e *Sexualidade*).

~

Não é sem razão que a imaginação popular costuma atribuir aos filhos de padre sorte excepcional na vida. (...) "Feliz que nem filho de padre", é comum ouvir-se no Brasil (p.535-536 – repetida nos temas *Cristianismo* e *Sexualidade*).

~

O intercurso sexual de brancos dos melhores estoques – inclusive eclesiásticos, sem dúvida nenhuma, dos elementos mais seletos e eugênicos na formação brasileira – com escravas negras e mulatas foi formidável. Resultou daí grossa multidão de filhos ilegítimos – mulatinhos criados muitas vezes com a prole legítima, dentro do liberal patriarcalismo das casas-grandes; outros à sombra dos engenhos de frades; ou então nas "rodas" e orfanatos (p.531 – repetida nos temas *Culumins, ioiôs, moleques* e *Sexualidade*).

~

Mas o grosso da prostituição, formaram-no as negras, exploradas pelos brancos. Foram os corpos das negras – às vezes meninas de dez anos – que constituíram, na arquitetura moral do patriarcalismo brasileiro, o bloco formidável que defendeu dos ataques e afoitezas dos don-juans a virtude das senhoras brancas (p.538 – repetida nos temas *Ação deletéria da escravidão* e *Sexualidade*).

~

(...) a virtude da senhora branca apoia-se em grande parte na prostituição da escrava negra (p.538 – repetida nos temas *Ação deletéria da escravidão* e *Sexualidade*).

~

(...) somos forçados a concluir (...) que muita [da] castidade e [da] pureza [das senhoras brasileiras do tempo da escravidão] manteve-se à custa da prostituição da escrava negra; à custa da tão caluniada mulata; à custa da promiscuidade e da lassidão estimulada nas senzalas pelos próprios senhores brancos (p.539 – repetida nos temas *Sexualidade* e *Ação deletéria da escravidão*).

~

Nessa instituição social – a escravidão – é que encontramos na verdade o grande excitante de sensualidade entre os portugueses, como mais tarde entre os brasileiros (p.332 – repetida nos temas *Sexualidade* e *Ação deletéria da escravidão*).

～

A verdade, porém, é que nós é que fomos os sadistas; o elemento ativo na corrupção da vida de família; e moleques e mulatas o elemento passivo (p.462 – repetida nos temas *Sadismo e masoquismo* e *Sexualidade*).

～

Mas no ambiente voluptuoso das casas-grandes, cheias de crias, negrinhas, molecas, mucamas, é que as doenças venéreas se propagaram mais à vontade, através da prostituição doméstica – sempre menos higiênica que a dos bordéis (p.401 – repetida no tema *Doenças em tempos patriarcais*).

～

Diz-se geralmente que a negra corrompeu a vida sexual da sociedade brasileira, iniciando precocemente no amor físico os filhos-família. Mas essa corrupção não foi pela negra que se realizou, mas pela escrava. Onde não se realizou através da africana, realizou-se através da escrava índia (p.398-399 – repetida no tema *Ação deletéria da escravidão*).

～

Daí fazer-se da negra ou mulata a responsável pela antecipação de vida erótica e pelo desbragamento sexual do rapaz brasileiro. Com a mesma lógica poderiam responsabilizar-se os animais domésticos; a bananeira; a melancia; a fruta do mandacaru com o seu visgo e a sua adstringência quase de carne (p.455 – repetida no tema *Sexualidade*).

～

Não seria extravagância nenhuma concluir (...) que os pais, dominados pelo interesse econômico de senhores de escravos, viram sempre com olhos indulgentes e até simpáticos a antecipação dos filhos nas funções genésicas: facilitavam-lhes mesmo a precocidade de garanhões (p.455 – repetida no tema *Sexualidade*).

Joaquim Nabuco colheu num manifesto escravocrata de fazendeiros as seguintes palavras, tão ricas de significação: "a parte mais produtiva da propriedade escrava é o ventre gerador" (p.399 – repetida nos temas *Ação deletéria da escravidão* e *Sexualidade*).

∿

Dentro [da] atmosfera moral, criada pelo interesse econômico dos senhores, como esperar que a escravidão – fosse o escravo mouro, negro, índio ou malaio – atuasse senão no sentido da dissolução, da libidinagem, da luxúria? O que se queria era que os ventres das mulheres gerassem. Que as negras produzissem moleques (p.399 – repetida nos temas *Ação deletéria da escravidão* e *Sexualidade*).

∿

[A] animalidade nos negros, essa falta de freio aos instintos, essa desbragada prostituição dentro de casa, animavam-na os senhores brancos. No interesse da procriação à grande, uns; para satisfazerem caprichos sensuais, outros (p.402 – repetida nos temas *Ação deletéria da escravidão* e *Sexualidade*).

∿

Não era o negro, portanto, o libertino: mas o escravo a serviço do interesse econômico e da ociosidade voluptuosa dos senhores. Não era a "raça inferior" a fonte de corrupção, mas o abuso de uma raça por outra. Abuso que implicava em conformar-se a servil com os apetites da todo-poderosa (p.402 – repetida nos temas *Ação deletéria da escravidão* e *Sexualidade*).

∿

(...) tudo concorrendo para o maior ócio dos senhores; e para sua maior libertinagem. Ócio que a tal ponto se desenvolveu, nas zonas dominadas pelos engenhos de cana, que doutores moralistas da época chegaram a associá-lo ao muito consumo do açúcar (p.517 – repetida no tema *Sexualidade*).

É absurdo responsabilizar-se o negro pelo que não foi obra sua nem do índio mas do sistema social e econômico em que funcionaram passiva e mecanicamente (p.399 – repetida no tema *Ação deletéria da escravidão*).

Sadismo e masoquismo

Uma espécie de sadismo do branco e de masoquismo da índia ou da negra terá predominado nas relações sexuais como nas sociais do europeu com mulheres das raças submetidas ao seu domínio (p.113).

~

(...) na divisão da sociedade em senhores todo-poderosos e em escravos passivos é que se devem procurar as causas principais do abuso de negros por brancos, através de formas sadistas de amor que tanto se acentuaram entre nós; e em geral atribuídas à luxúria africana (p.404).

~

Resultado da ação persistente desse sadismo, de conquistador sobre conquistado, de senhor sobre escravo, parece-nos o fato, ligado naturalmente à circunstância econômica da nossa formação patriarcal, da mulher ser tantas vezes no Brasil vítima inerme do domínio ou do abuso do homem; criatura reprimida sexual e socialmente dentro da sombra do pai ou do marido (p.114).

~

Sadistas eram, em primeiro lugar, os senhores com relação às esposas (p.421).

~

Não convém, entretanto, esquecer-se o sadismo da mulher, quando grande senhora, sobre os escravos, principalmente sobre as mulatas; com relação a estas, por ciúme ou inveja sexual (p.114 – repetida no tema *Sexualidade*).

Quanto à maior crueldade das senhoras que dos senhores no tratamento dos escravos é fato geralmente observado nas sociedades escravocratas (p.420).

~

Não são dois nem três, porém muitos os casos de crueldade de senhoras de engenho contra escravos inermes. Sinhá-moças que mandavam arrancar os olhos de mucamas bonitas e trazê-los à presença do marido, à hora da sobremesa, dentro da compoteira de doce e boiando em sangue ainda fresco (p.421).

~

Baronesas já de idade que por ciúme ou despeito mandavam vender mulatinhas de quinze anos a velhos libertinos. Outras que espatifavam a salto de botina dentaduras de escravas; ou mandavam-lhes cortar os peitos, arrancar as unhas, queimar a cara ou as orelhas. Toda uma série de judiarias (p.421).

~

O motivo [das crueldades], quase sempre, o ciúme do marido. O rancor sexual. A rivalidade de mulher com mulher (p.421).

~

O isolamento árabe em que viviam as antigas sinhá-donas, principalmente nas casas-grandes de engenho, tendo por companhia quase que exclusivamente escravas passivas; sua submissão muçulmana diante dos maridos, a quem se dirigiam sempre com medo, tratando-os de "Senhor", talvez constituíssem estímulos poderosos ao sadismo das sinhás, descarregado sobre as mucamas e as molecas em rompantes histéricos... (p.421).

~

Mas [o] sadismo de senhor e o correspondente masoquismo de escravo, excedendo a esfera da vida sexual e doméstica, têm-se feito sentir através da nossa formação, em campo mais largo: social e político (p.114).

Cremos surpreendê-los [o sadismo e o masoquismo] em nossa vida política, onde o mandonismo tem sempre encontrado vítimas em quem exercer-se com requintes às vezes sádicos; certas vezes deixando até nostalgias logo transformadas em cultos cívicos, como o do chamado marechal de ferro (p.114).

~

(...) a tradição conservadora no Brasil sempre se tem sustentado do sadismo do mando, disfarçado em "princípio de Autoridade" ou "defesa da Ordem". Entre essas duas místicas – a da Ordem e a da Liberdade, a da Autoridade e a da Democracia – é que se vem equilibrando entre nós a vida política, precocemente saída do regime de senhores e escravos (p.114-115).

~

Na verdade, o equilíbrio continua a ser entre as realidades tradicionais e profundas: sadistas e masoquistas, senhores e escravos, doutores e analfabetos, indivíduos de cultura predominantemente europeia e outros de cultura principalmente africana e ameríndia (p.115).

~

É de supor a repercussão psíquica sobre os adultos [do] tipo de relações infantis [do período colonial] – favorável ao desenvolvimento de tendências sadistas e masoquistas (p.420).

~

A vítima [do] esnobismo dos barões foi o filho. Que judiasse com os moleques e as negrinhas, estava direito; mas na sociedade dos mais velhos o judiado era ele (p.509 – repetida no tema *Culumins, ioiôs, moleques*).

~

[Os] jogos e brincadeiras acusam nele [o menino] (...) tendências acremente sadistas. E não era só o menino de engenho, que em geral brincava de bolear carro, de matar passarinho e de judiar com moleque: também o das cidades (p.451-452 – repetida no tema *Culumins, ioiôs, moleques*).

Mesmo no jogo de pião e no brinquedo de empinar papagaio achou jeito de exprimir-se o sadismo do menino das casas-grandes e dos sobrados do tempo da escravidão, através das práticas, de uma aguda crueldade infantil... (p.452 – repetida no tema *Culumins, ioiôs, moleques*).

～

Nos próprios jogos coloniais de sala surpreendem-se tendências sadistas: no "jogo do beliscão", tão querido das crianças brasileiras nos séculos XVIII e XIX, por exemplo (p.452).

～

Não há brasileiro de classe mais elevada, mesmo nascido e criado depois de oficialmente abolida a escravidão, que não se sinta aparentado do menino Brás Cubas na malvadeza e no gosto de judiar com negro (p.454).

～

Aquele mórbido deleite em ser mau com os inferiores e com os animais é bem nosso: é de todo menino brasileiro atingido pela influência do sistema escravocrata (p.454).

～

Em outros vícios escorregava a meninice dos filhos do senhor de engenho; nos quais, um tanto por efeito do clima e muito em consequência das condições de vida criadas pelo sistema escravocrata, antecipou-se sempre a atividade sexual, através de práticas sadistas e bestiais (p.455 – repetida no tema *Sexualidade*).

～

As primeiras vítimas eram os moleques e animais domésticos; mais tarde é que vinha o grande atoleiro de carne: a negra ou a mulata. Nele é que se perdeu, como em areia gulosa, muita adolescência insaciável (p.455 – repetida nos temas *Culumins, ioiôs, moleques* e *Sexualidade*).

～

A verdade, porém, é que nós é que fomos os sadistas; o elemento ativo na corrupção da vida de família; e moleques e mulatas o elemento passivo (p.462 – repetida nos temas *Sexualidade* e *Prostituição doméstica da casa-grande*).

～

Houve verdadeira volúpia em humilhar a criança; em dar bolo em menino. Reflexo da tendência geral para o sadismo criado no Brasil pela escravidão e pelo abuso do negro (p.507 – repetida no tema *Ação deletéria da escravidão*).

～

[As] funções [do moleque] foram as de prestadio mané-gostoso, manejado à vontade por nhonhô; apertado, maltratado e judiado como se fosse todo de pó de serra por dentro; de pó de serra e de pano como os judas de sábado de aleluia, e não de carne como os meninos brancos (p.419 – repetida no tema *Culumins, ioiôs, moleques*).

～

Nas brincadeiras, muitas vezes brutas, dos filhos dos senhores de engenho, os moleques serviam para tudo: eram bois de carro, eram cavalos de montaria, eram bestas de almanjarras, eram burros de liteiras e de cargas as mais pesadas. Mas principalmente cavalos de carro (p.419-420 – repetida no tema *Culumins, ioiôs, moleques*).

～

O menino do tempo da escravidão parece que descontava os sofrimentos da primeira infância – doenças, castigos por mijar na cama, purgante uma vez por mês – tornando-se dos cinco aos dez anos verdadeiro menino-diabo (p.451 – repetida no tema *Culumins, ioiôs, moleques*).

～

Na realidade, nem o branco nem o negro agiram por si, muito menos como raça, ou sob a ação preponderante do clima, nas relações do sexo e de classe que se desenvolveram entre senhores e escravos no Brasil. Exprimiu-se nessas relações o espírito do sistema econômico que nos dividiu, como um deus poderoso, em senhores e escravos. Dele se deriva toda a exagerada tendência para o sadismo característico do brasileiro, nascido e criado em casa-grande, principalmente em engenho; e a que insistentemente temos aludido neste ensaio (p.462 – repetida no tema *Ação deletéria da escravidão*).

ENVELHECIMENTO PRECOCE DA PORTUGUESA

(...) as brasileiras envelheciam depressa; seu rosto tornava-se logo de um amarelo doentio. Resultado, decerto, dos muitos filhos que lhes davam os maridos; da vida morosa, banzeira, moleirona, dentro de casa; do fato de só saírem de rede e debaixo de pesados tapetes de cor – *modus gestandi lusitanas*, escreveu Barléus no século XVII; ou então de banguê ou liteira; e no século XIX de palanquim e carro de boi (p.428 – repetida no tema *Indolência*).

～

Quase todos os viajantes que nos visitaram durante o tempo da escravidão contrastam a frescura encantadora das meninotas com o desmaiado do rosto e o desmazelo do corpo das matronas de mais de dezoito (p.430).

～

Aos dezoito anos, já matronas, atingiam a completa maturidade. Depois dos vinte decadência. Ficavam gordas, moles. Criavam papada. Tornavam-se pálidas. Ou então murchavam (p.431).

Música, cantos, histórias de Trancoso

(...) as canções de berço portuguesas, modificou-as a boca da ama negra, alterando nelas palavras; adaptando-as às condições regionais; ligando-as às crenças dos índios e às suas (p.410).

~

Quando mais tarde apareceu a modinha, foi guardando ainda certa gravidade de latim de igreja, uma doçura piedosa e sentimental de sacristia a açucarar-lhe o erotismo, um misticismo de colégio de padre a dissimular-lhe a lascívia já mais africana do que ameríndia (p.222-223).

~

As histórias portuguesas sofreram no Brasil consideráveis modificações na boca das negras velhas ou amas de leite. Foram as negras que se tornaram entre nós as grandes contadoras de histórias (p.413).

~

Por intermédio dessas negras velhas e das amas de menino, histórias africanas, principalmente de bichos – bichos confraternizando com as pessoas, falando como gente, casando-se, banqueteando-se – acrescentaram-se às portuguesas, de Trancoso, contadas aos netinhos pelos avós coloniais – quase todas histórias de madrastas, de príncipes, gigantes, princesas, pequenos-polegares, mouras-encantadas, mouras-tortas (p.414).

~

Há o *akpalô* fazedor de alô ou conto... (p.413).

~

(...) e há o *arokin*, que é o narrador das crônicas do passado (p.413).

O *akpalô* é uma instituição africana que floresceu no Brasil na pessoa de negras velhas que só faziam contar histórias. Negras que andavam de engenho em engenho contando histórias às outras pretas, amas dos meninos brancos (p.413).

Indumentária

Da imposição de vestuário europeu a populações [as indígenas] habituadas à pura nudez ou a cobrirem-se apenas do bastante para lhes decorar o corpo ou protegê-lo do sol, do frio ou dos insetos conhecem--se hoje os imediatos e profundos efeitos disgênicos (p.180).

∼

É assim que se observa a tendência, em muitos dos indivíduos de tribos acostumadas à nudez, para só se desfazerem da roupa europeia quando esta só falta largar de podre ou de suja (p.180).

∼

(...) a julgar por Mrs. Kindersley, que não era nenhuma parisiense, nossas avós do século XVIII trajavam-se que nem macacas: saia de chita, camisa de flores bordadas, corpete de veludo, faixa. Por cima desse horror de indumentária, muito ouro, muitos colares, braceletes, pentes (p.428).

∼

Dentro de casa, nas horas de modorra, é que homens, mulheres e meninos desforravam-se dos excessos europeus de vestuário. Os meninos andando nus ou de sunga-nenê. Os grandes, de chinelos sem meia; de pés descalços; os senhores de engenho, de chambre de chita por cima das ceroulas; as mulheres, de cabeção (p.504).

∼

[Quinze anos] Idade em que já eram sinhá-donas; senhoras casadas. Algumas até mães. Na missa, vestidas de preto, cheias de saias de baixo e com um véu ou mantilha por cima do rosto; só deixando de fora os olhos – os grandes olhos tristonhos. Dentro de casa, na intimidade do marido e das mucamas, mulheres relassas. Cabeção picado de renda. Chinelo sem meias. Os peitos às vezes de fora (p.431-432 – citação repetida no tema *Indolência* e parte no tema *Sinhazinhas, sinhá-moças, sinhá-donas*).

~

Nem esqueçamos este formidável contraste nos senhores de engenho: a cavalo grandes fidalgos de estribo de prata, mas em casa uns franciscanos, descalços, de chambre de chita e às vezes só de ceroulas (p.101).

~

Quanto às grandes damas coloniais, ricas sedas e um luxo de teteias e joias na igreja, mas na intimidade, de cabeção, saia de baixo, chinelo sem meias (p.101-102).

~

(...) o hábito das mulheres irem à missa de mantilha, o rosto quase tapado, como o das mulheres árabes (p.299 – repetida no tema *Influência moura*).

~

Nos séculos XVI, XVII e XVIII os rebuços e mantilhas predominam por todo o Brasil, dando às modas femininas um ar mais oriental que europeu. Os rebuços eram uma espécie de "dominós pretos", "mantilhas fúnebres em que se andam amortalhadas muitas das beldades portuguesas"... (p.299 – repetida no tema *Influência moura*).

~

A falta de adaptação do trajo brasileiro ao clima prolongou-se, porém, ao século XIX. Acentuou-se, mesmo. Homens, mulheres e até meninos continuaram a vestir-se para a missa, para as visitas e para ir ao colégio como se um eterno luto de mães os obrigasse ao preto felpudo, espinhento e solene. A rodar em vitórias e cabriolés de almofadas quentes como as dos palanquins (p.504).

~

Os homens, de cartola desde sete horas da manhã. Até os princípios do século XX os estudantes de direito em São Paulo e em Olinda, os de medicina no Rio e na Bahia, os médicos, os advogados, os professores, só achavam jeito de andar de cartola e sobrecasaca preta (p.504-505).

~

Os alunos compareciam às aulas de paletó preto e calças pardas, sapatos de tapete ou couro e gravata azul. Nos dias de festa e nos domingos deviam apresentar-se de sobrecasaca preta, calça preta, chapéu preto, colete branco, gravata de seda preta, sapatos ou borzeguins pretos. Eram obrigados a banhar os pés nas quartas e sábados e a tomar banho geral uma vez por semana (p.506).

~

Na Bahia, no Rio de Janeiro, no Recife, em Minas, o trajo africano, de influência maometana, permaneceu longo tempo entre os pretos. Principalmente entre as pretas doceiras; e entre as vendedeiras de aluá. Algumas delas amantes de ricos negociantes portugueses e por eles vestidas de seda e cetim. Cobertas de quimbembeques. De joias e cordões de ouro. Figas da Guiné contra o mau-olhado. Objetos de culto fálico. Fieiras de miçangas. Colares de búzios. Argolões de ouro atravessados nas orelhas (p.396 – repetida no tema *Influência moura*).

~

Ainda hoje se encontram pelas ruas da Bahia negras de doce com os seus compridos xales de pano da costa. Por cima das muitas saias de baixo, de linho alvo, a saia nobre, adamascada, de cores vivas. Os peitos gordos, em pé, parecendo querer pular das rendas do cabeção. Teteias. Figas. Pulseiras. Rodilha ou turbante muçulmano. Chinelinha na ponta do pé. Estrelas marinhas de prata. Braceletes de ouro (p.396 – repetida no tema *Influência moura*).

~

A transigência dos doutores e dos fidalgos com o clima tropical foi se fazendo de baixo para cima: pelas calças brancas. Desde de meados do século XIX que começaram a usá-las na Bahia e no Recife... (p.505).

Alimentação

Colonizou o Brasil uma nação de homens malnutridos. É falsa a ideia que geralmente se faz do português: um superalimentado (p.313).

~

É uma sociedade, a brasileira, que a indagação histórica revela ter sido em larga fase do seu desenvolvimento, mesmo entre as classes abastadas, um dos povos modernos mais desprestigiados na sua eugenia e mais comprometidos na sua capacidade econômica pela sua deficiência de alimento (p.104).

~

De modo geral, em toda parte onde vingou a agricultura, dominou no Brasil escravocrata o latifúndio, sistema que viria privar a população colonial do suprimento equilibrado e constante de alimentação sadia e fresca (p.94-95).

~

O brasileiro de boa estirpe rural dificilmente poderá, como o inglês, voltar-se para o longo passado de família na certeza de dez ou doze gerações de avós bem alimentados de bifesteque e legumes, de leite e ovos, de aveia e frutas a lhe assegurarem de longe o desenvolvimento eugênico... (p.104).

~

De modo que, admitida a influência da dieta (...) sobre o desenvolvimento físico e econômico das populações, temos que reconhecer ter sido o regime alimentar do brasileiro, dentro da organização agrária e escravocrata que em grande parte presidiu a nossa formação, dos mais deficientes e instáveis (p.95-96).

A farinha de mandioca adotaram-na os colonos em lugar do pão de trigo; preferindo a princípio os proprietários rurais a fresca, feita todos os dias... (p.190-191).

∼

O português no Brasil teve de mudar quase radicalmente o seu sistema de alimentação, cuja base se deslocou, com sensível déficit, do trigo para a mandioca... (p.76).

∼

Foi completa a vitória do complexo indígena da mandioca sobre o trigo: tornou-se a base do regime alimentar do colonizador (é pena que sem se avantajar ao trigo em valor nutritivo e em digestibilidade, como supôs a ingenuidade de Gabriel Soares) (p.191).

∼

Adversas ao trigo as condições de clima e de solo quase que só insistiram em cultivá-lo os padres da S.J. para o preparo de hóstias (p.95).

∼

Variado era o uso da mandioca na culinária indígena; e muitos dos produtos preparados outrora pelas mãos avermelhadas da cunhã, preparam-nos hoje as mãos brancas, pardas, pretas e morenas da brasileira de todas as origens e de todos os sangues (p.191).

∼

Não só em relação ao beiju, mas a tudo quanto é comida indígena, a Amazônia é a área de cultura brasileira mais impregnada de influência cabocla: o que aí se come tem ainda gosto de mato; é enrolado em folha de palmeira ou de bananeira; leva castanha-de-caju; prepara-se em cuia; é polvilhado de puçanga feita de folhas de *kurumikáa* torrada; e os nomes são ainda os dos índios; com um quer que seja de estrangeiro à primeira vista. Mas só à primeira vista (p.192).

∼

Quitutes e nomes de quitutes indígenas desmancham-se familiarmente na boca do brasileiro: um gosto de conhecidos velhos desfaz a primeira impressão de exóticos. É quando sentimos o muito que nos ficou (...) dos nossos antepassados tupis e tapuias (p.192).

~

A culinária nacional (...) ficaria empobrecida, e sua individualidade profundamente afetada, se se acabasse com os quitutes de origem indígena: eles dão um gosto à alimentação brasileira que nem os pratos de origem lusitana nem os manjares africanos jamais substituiriam. Mas deve-se salientar que foi nas cozinhas das casas-grandes que muitos desses quitutes perderam o ranço regional, o exclusivismo caboclo, para se abrasileirarem (p.192-193).

~

Além da farinha cultivou-se o milho; e por toda parte tornou-se quase a mesma a mesa colonial, com especializações regionais apenas de frutas e verduras: dando-lhe mais cor ou sabor local em certos pontos a maior influência indígena; em outros, um vivo colorido exótico a maior proximidade da África... (p.94).

~

Do milho preparavam as cunhãs, além da farinha (*abatiuî*), hoje usada no preparo de vários bolos, a *acanijic*, que sob o nome de canjica tornou-se um dos grandes pratos nacionais do Brasil, a *pamuna* – hoje pamonha – envolvida, depois de pronta, na própria palha do milho, a pipoca, que, segundo Teodoro Sampaio, quer dizer "epiderme estalada"; e ainda uma bebida fermentada, o *abatí-i* (p.194).

~

(...) na culinária amazônica o pirarucu ocupa lugar importantíssimo: logo após a tartaruga, que é sozinha um complexo. Para as populações rurais do extremo norte o pirarucu faz as vezes do bacalhau ou do charque... (p.194).

~

A tartaruga (...) constitui sozinha um complexo, dos vários que o indígena transmitiu ao sistema alimentar brasileiro; dela se faz no extremo norte uma variedade de quitutes, cada qual mais louvado pelos *gourmets*... (p.195).

Sabe-se o abuso que faziam os indígenas da pimenta: abuso que se prolonga na culinária brasileira de hoje (p.195).

～

Seria longa a lista de plantas e ervas medicinais de conhecimento e uso dos índios: delas mais teria aproveitado a cultura brasileira, se melhores tivessem sido as relações entre os primeiros missionários e os pajés e curandeiros indígenas (p.196 – repetida no tema *Medicina colonial*).

～

(...) em Pernambuco, por ser o ponto mais perto da Europa, conservando-se um como equilíbrio entre as três influências: a indígena, a africana e a portuguesa (p.94).

～

A deficiência pela qualidade e pela quantidade é e tem sido desde o primeiro século o estado de parcimônia alimentar de grande parte da população. Parcimônia às vezes disfarçada pela ilusão da fartura que dá a farinha de mandioca intumescida pela água (p.105).

～

(...) os próprios senhores de engenho de Pernambuco e da Bahia nutriam-se deficientemente: carne de boi má e só uma vez ou outra, os frutos poucos e bichados, os legumes raros (p.98).

～

Por mais esquisito que pareça, faltavam à mesa da nossa aristocracia colonial legumes frescos, carne verde e leite (p.98).

～

A própria Salvador da Bahia, quando cidade dos vice-reis, habitada por muito ricaço português e da terra, cheia de fidalgos e de frades, notabilizou-se pela péssima e deficiente alimentação. Tudo faltava: carne fresca de boi, aves, leite, legumes, frutas; e o que aparecia era da pior qualidade ou quase em estado de putrefação. Fartura só a do doce, geleias e pastéis fabricados pelas freiras nos conventos: era com que se arredondava a gordura dos frades e das sinhá-donas (p.102).

Era uma dieta, a da Bahia dos vice-reis, com os seus fidalgos e burgueses ricos vestidos sempre de seda de Gênova, de linhos e algodão da Holanda e da Inglaterra e até de tecidos de ouro importados de Paris e de Lião; era uma dieta, a deles, em que na falta de carne verde se abusava de peixe, variando-se apenas o regime ictiófago com carnes salgadas e queijos do reino, importados da Europa juntamente com outros artigos de alimentação (p.102).

～

Má nos engenhos e péssima nas cidades: tal a alimentação da sociedade brasileira nos séculos XVI, XVII e XVIII. Nas cidades, péssima e escassa (p.102).

～

Sob semelhante regime de monocultura, de latifúndio e de trabalho escravo não desfrutou nunca a população da abundância de cereais e legumes verdes (p.104).

～

De modo que a nutrição da família colonial brasileira, a dos engenhos e notadamente a das cidades, surpreende-nos pela sua má qualidade: pela pobreza evidente de proteínas de origem animal e possível de albuminoides em geral; pela falta de vitaminas; pela de cálcio e de outros sais minerais; e, por outro lado, pela riqueza certa de toxinas (p.104).

～

A deficiência não foi, porém, só de carne de vaca: também de leite e de vegetais. Desde cedo parece ter atuado desfavoravelmente sobre a saúde e a eficiência do português a preponderância de peixe seco e da comida em conserva no seu regime de alimentação (p.314).

～

Pelos grandes jantares e banquetes, por essa ostentação de hospitalidade e de fartura não se há de fazer ideia exata da alimentação entre os grandes proprietários; muito menos da comum, entre o grosso dos moradores (p.100).

Desde [os] remotos tempos que se deve distinguir entre come-zainas e banquetes e a alimentação dos dias comuns. Entre o regime de reduzido número de ricos e o da grande maioria – o da plebe rural e das cidades (p.314).

~

As generalizações sobre o assunto [alimentação] baseiam-se em fatos excepcionais – quase os únicos registrados pelas crônicas históricas. Daí a crença em um português tradicionalmente regalão, sempre rodeado de gordos pitéus. De bois inteiros assados em espeto. De galinhas, porcos, carneiros. Resultado de não se saber descontar nas crônicas o fato de elas só registrarem o extraordinário ou excepcional (p.314).

~

É ilusão supor-se a sociedade colonial, na sua maioria, uma sociedade de gente bem alimentada. Quanto à quantidade, eram-no em geral os extremos: os brancos das casas-grandes e os negros das senzalas. Os grandes proprietários de terras e os pretos seus escravos. Estes porque precisavam de comida que desse para os fazer suportar o duro trabalho da bagaceira (p.95).

~

Mais bem alimentados (...) eram na sociedade escravocrata os extremos: os brancos das casas-grandes e os negros das senzalas. Natural que dos escravos descendam elementos dos mais fortes e sadios da nossa população (p.96).

~

Grande parte de sua alimentação [dos portugueses] davam-se eles ao luxo tolo de mandar vir de Portugal e das ilhas; do que resultava consumirem víveres nem sempre bem conservados: carne, cereais e até frutos secos, depreciados nos seus princípios nutritivos, quando não deteriorados pelo mau acondicionamento ou pelas circunstâncias do transporte irregular e moroso (p.98).

~

A alimentação do negro nos engenhos brasileiros podia não ser nenhum primor de culinária; mas faltar nunca faltava. E sua abundância de milho, toucinho e feijão recomenda-a como regime apropriado ao duro esforço exigido do escravo agrícola (p.107).

~

Um traço importante de infiltração de cultura negra na economia e na vida doméstica do brasileiro resta-nos acentuar: a culinária. O escravo africano dominou a cozinha colonial, enriquecendo-a de uma variedade de sabores novos (p.541-542).

~

Cremos poder-se afirmar que na formação do brasileiro – considerada sob o ponto de vista da nutrição – a influência mais salutar tem sido a do africano: quer através dos valiosos alimentos, principalmente vegetais, que por seu intermédio vieram-nos da África, quer através do seu regime alimentar, melhor equilibrado do que o do branco – pelo menos aqui, durante a escravidão (p.106-107).

~

O complexo da pimenta aguçou-se no Brasil pela influência da culinária africana, ainda mais amiga que a indígena dos requeimes e excitantes do paladar... (p.195-196).

~

Uma vez no Brasil, os negros tornaram-se, em certo sentido, verdadeiros donos da terra: dominaram a cozinha. Conservaram em grande parte sua dieta (p.373).

~

No regime alimentar brasileiro, a contribuição africana afirmou--se principalmente pela introdução do azeite de dendê e da pimenta--malagueta, tão característicos da cozinha baiana; pela introdução do quiabo; pelo maior uso da banana; pela grande variedade na maneira de preparar a galinha e o peixe (p.542).

~

Várias comidas portuguesas ou indígenas foram no Brasil modificadas pela condimentação ou pela técnica culinária do negro... (p.542).

(...) alguns dos pratos mais caracteristicamente brasileiros são de técnica africana: a farofa, o quibebe, o vatapá (p.542).

~

Dentro da extrema especialização de escravos no serviço doméstico das casas-grandes, reservaram-se sempre dois, às vezes três indivíduos, aos trabalhos de cozinha. De ordinário, grandes pretalhonas; às vezes negros incapazes de serviço bruto, mas sem rival no preparo de quitutes e doces. Negros sempre amaricados; uns até usando por baixo da roupa de homem cabeção picado de renda, enfeitado de fita cor-de--rosa; e ao pescoço teteias de mulher. Foram estes, os grandes mestres da cozinha colonial... (p.542).

~

[Dos] três centros de alimentação afro-brasileira [Bahia, Pernambuco, Maranhão] é decerto a Bahia o mais importante. A doçaria de rua aí desenvolveu-se como em nenhuma cidade brasileira, estabelecendo--se verdadeira guerra civil entre o bolo de tabuleiro e o doce feito em casa. Aquele, o das negras forras, algumas tão boas doceiras que conseguiram juntar dinheiro vendendo bolo (p.543).

~

É verdade que senhoras de casas-grandes e abadessas de convento entregaram-se às vezes ao mesmo comércio de doces e quitutes; as freiras aceitando encomendas, até para o estrangeiro, de doces secos, bolinhos de goma, sequilhos, confeitos e outras guloseimas (p.543).

~

Mas o legítimo doce ou quitute de tabuleiro foi o das negras forras. O das negras doceiras. Doce feito ou preparado por elas. Por elas próprias enfeitado com flor de papel azul ou encarnado. E recortado em forma de corações, de cavalinhos, de passarinhos, de peixes, de galinhas – às vezes com reminiscências de velhos cultos fálicos ou totêmicos. Arrumado por cima de folhinhas frescas de banana. E dentro de tabuleiros enormes, quase litúrgicos, forrados de toalhas alvas como pano de missa. Ficaram célebres as mães-bentas... (p.543).

[Dos] tabuleiros de pretas quituteiras, uns corriam as ruas, outros tinham seu ponto fixo, à esquina de algum sobrado grande ou em um pátio de igreja, debaixo de velhas gameleiras. Aí os tabuleiros repousavam sobre armações de pau escancaradas em *X*. A negra ao lado, sentada num banquinho (p.543).

∽

Por (...) pátios ou esquinas, também pousaram outrora, gordas, místicas, as negras de fogareiro, preparando ali mesmo peixe frito, mungunzá, milho assado, pipoca, grude, manuê... (p.544).

∽

[Das] pretas de bolo e de fogareiro vê-se hoje uma ou outra na Bahia, no Rio, ou no Recife. Vão rareando (p.544).

∽

E é curioso o fato de chamar-se "dinheiro para comprar bolo" o que dão certos pais brasileiros aos filhos rapazes, em idade, segundo eles, de "conhecer mulher". De conhecer outro bolo, sem ser o de goma ou de milho. Sabe-se aliás da íntima relação entre a libido e os prazeres do paladar (p.330-331 – repetida no tema *Sexualidade*).

∽

Na culinária colonial brasileira surpreendem-se estímulos ao amor e à fecundidade. Mesmo nos nomes de doces e bolos de convento, fabricados por mãos seráficas, de freiras, sente-se às vezes a intenção afrodisíaca, o toque fescenino a confundir-se com o místico: suspiros de freira, toucinho do céu, barriga de freira, manjar do céu, papos de anjo. (...) Beijinhos, desmamados, levanta-velho, língua de moça, casadinhos, mimos de amor. Não há quem não possa acrescentar à lista outros nomes, igualmente sugestivos, de bolos e gulodices (p.330 – repetida nos temas *Sexualidade* e *Cristianismo*).

∽

Eram os bolos e doces [com toques fesceninos e místicos] porque suspiravam os freiráticos à portaria dos conventos. Não podendo entregar-se em carne a todos os seus adoradores, muitas freiras davam-

-se a eles nos bolos e caramelos. Estes adquiriam uma espécie de simbolismo sexual (p.330 – repetida nos temas *Cristianismo* e *Sexualidade*).

~

É nossa opinião que no preparo do próprio arroz-doce, tradicionalmente português, não há como o de rua, ralo, vendido pelas negras em tigelas gordas de onde o guloso poder sorvê-lo sem precisar de colher. Como não há tapioca molhada como a de tabuleiro, vendida à maneira africana, em folha de bananeira (p.544).

~

O arroz de auçá é outro quitute afro-baiano que se prepara mexendo com colher de pau o arroz cozido na água sem sal. Mistura-se depois com o molho em que entram pimenta-malagueta, cebola e camarão: tudo ralado na pedra. O molho vai ao fogo com azeite de cheiro e um pouco de água (p.545).

~

Bem africano é também o acarajé, prato que é um dos regalos da cozinha baiana. Faz-se com feijão-fradinho ralado na pedra. Como tempero, leva cebola e sal. A massa é aquecida em frigideira de barro onde se derrama um bocado de azeite de cheiro (p.545).

~

Mas os dois pratos de origem africana que maior triunfo obtiveram na mesa patriarcal brasileira foram o caruru e o vatapá, feitos com íntima e especial perícia na Bahia (p.545).

~

Prepara-se o caruru com quiabo ou folha de capeba, taioba, oió, que se deita ao fogo com pouca água. Escoa-se depois a água, espreme-se a massa que novamente se deita na vasilha com cebola, sal, camarão, pimenta-malagueta seca, tudo ralado na pedra de ralar e lambuzado de azeite de cheiro. Junta-se a isto a garoupa ou outro peixe assado (p.545).

~

(...) o luxo da sobremesa, dos doces e das guloseimas de açúcar [são] de criação mais pernambucana do que baiana (p.546).

[A comida brasileira foi] sendo sensivelmente modificada, desde os princípios do século XIX, pela influência inglesa, quanto ao maior uso do chá, do vinho e da cerveja. Modificada também pela introdução do gelo em 1834, trazido pela primeira vez ao Brasil por um navio norte-americano, o *Madagáscar* (p.547).

∼

Grandes bebedores de água – talvez pela predominância do açúcar e da condimentação africana em sua comida – os brasileiros regozijaram-se imensamente com a introdução do gelo no país. Datam daí os deliciosos sorvetes de frutas tropicais... (p.547).

∼

Manteiga francesa, batata-inglesa, chá também à inglesa, gelo – tudo isso agiu no sentido da desafricanização da mesa brasileira, que até os primeiros anos da Independência estivera sob maior influência da África e dos frutos indígenas (p.548).

∼

O pão foi outra novidade do século XIX. O que se usou nos tempos coloniais, em vez de pão, foi beiju de tapioca ao almoço, e ao jantar a farofa, o pirão escaldado ou a massa da farinha de mandioca feita no caldo do peixe ou da carne. O feijão era de uso cotidiano (p.548).

∼

Comuns (...) as feijoadas com carne salgada, cabeça de porco, linguiça, muito tempero africano; e mais comuns do que durante o século XIX, as verduras e os vegetais, tão característicos da alimentação africana (p.548).

∼

Com a europeização da mesa é que o brasileiro tornou-se um abstêmio de vegetais; e ficou tendo vergonha de suas mais características sobremesas – o mel ou melado com farinha, a canjica temperada com açúcar e manteiga. Só se salvou o doce com queijo (p.548).

É que a partir da Independência os livros franceses de receita e de bom-tom começaram o seu trabalho de sapa da verdadeira cozinha brasileira; começou o prestígio das negras africanas de forno e fogão a sofrer consideravelmente da influência europeia (p.548).

∼

Não negamos que a influência africana sobre a alimentação do brasileiro necessitasse de restrições ou de corretivo no seu exagero de adubos e de condimentos (p.548).

∼

Não nos parece justo acusar a negra quituteira, cozinheira ou criada de copa, de suja ou descuidada, no preparo da comida ou na higiene doméstica. Um tabuleiro de bolo de negra quituteira chega a brilhar de limpeza e de alvura de toalhas (p.550).

∼

A cozinha da casa-grande brasileira dos tempos coloniais não foi decerto nenhum modelo de higiene. (...) Menos, porém, por culpa das escravas negras que dos senhores brancos, essa falta de limpeza nas cozinhas não só das casas pobres, como das casas-grandes (p.550).

∼

Pelo antagonismo que cedo se definiu no Brasil entre a grande lavoura, ou melhor, a monocultura absorvente do litoral, e a pecuária, por sua vez exclusivista, dos sertões, uma se afastando da outra quanto possível, viu-se a população agrícola, mesmo a rica, a opulenta, senhora de léguas de terra, privada do suprimento regular e constante de alimentos frescos (p.98-99 – repetida no tema *Equilíbrio de antagonismos*).

∼

No Brasil esse antagonismo atuou, desde os primeiros tempos, sobre a formação social do brasileiro: em uns pontos favoravelmente; nesse da alimentação, desfavoravelmente (p.99 – repetida no tema *Equilíbrio de antagonismos*).

∼

País de Cocagne coisa nenhuma: terra de alimentação incerta e vida difícil é que foi o Brasil dos três séculos coloniais. A sombra da monocultura esterilizando tudo. Os grandes senhores rurais sempre endividados. As saúvas, as enchentes, as secas dificultando ao grosso da população o suprimento de víveres (p.100-101 – repetida nos temas *Triângulo da dominação: monocultura, aristocratismo, latifúndio* e *Brasil: decepção à primeira vista*).

∽

[Na] capitania [de Pernambuco] por excelência açucareira e latifundiária, onde ao findar o século XVIII e principiar o XIX, calculava-se a melhor terra agrícola, vizinha do mar, no domínio de oito ou dez senhores de engenho para duzentos vizinhos (...) a carestia de mantimentos de primeira necessidade se faz sentir às vezes angustiosamente entre os habitantes (p.103).

∽

(...) tentara o Conde de Nassau no século XVII dar jeito [ao] desequilíbrio na vida econômica da grande capitania açucareira [Pernambuco] (p.103).

∽

Grandes comezainas por ocasião das festas; mas nos dias comuns, alimentação deficiente, muito lorde falso passando até fome. Tal a situação de grande parte da aristocracia e principalmente da burguesia colonial brasileira e que se prolongou pelo tempo do Império e da República (p.529).

∽

O mesmo velho hábito dos avós portugueses, às vezes guenzos de fome, mas sempre de roupa de seda ou veludo, dois, três, oito escravos atrás, carregando-lhes escova, chapéu de sol e pente (p.529).

∽

Muito da inferioridade física do brasileiro, em geral atribuída toda à raça, ou vaga e muçulmanamente ao clima, deriva-se do mau aproveitamento dos nossos recursos naturais de nutrição (p.95).

Na tapioca de coco, chamada molhada, estendida em folha de bananeira africana, polvilhada de canela, temperada com sal, sente-se o amálgama verdadeiramente brasileiro de tradições culinárias: a mandioca indígena, o coco asiático, o sal europeu, confraternizando-se num só e delicioso quitute sobre a mesma cama africana de folha de bananeira (p.193).

LINGUAGEM

Desde logo, e pela pressão do formidável imperialismo religioso do missionário jesuíta, pela sua tendência para uniformizar e estandardizar valores morais e materiais, o tupi-guarani aproximou entre si tribos e povos indígenas, diversos e distantes em cultura, e até inimigos de guerra, para, em seguida, aproximá-los todos do colonizador europeu (p.219 – repetida no tema *Cristianismo*).

~

Tupis ficaram no Brasil os nomes de quase todos os animais e pássaros; de quase todos os rios; de muitas das montanhas; de vários dos utensílios domésticos (p.220).

~

Do menino indígena (...) os padres recolheram o material para a organização da "língua tupi": esta resultou do intercurso entre catequista e catecúmeno (p.221).

~

Foi a língua, essa que se formou do colonizador do culumim com o padre, das primeiras relações sociais e de comércio entre as duas raças, podendo-se afirmar do povo invasor que adotou para o gasto ou o uso corrente a fala do povo conquistado, reservando a sua para uso restrito e oficial (p.219-220).

~

Quando mais tarde o idioma português – sempre o oficial – predominou sobre o tupi, tornando-se, ao lado deste, língua popular, já o colonizador estava impregnado de agreste influência indígena; já o seu português perdera o ranço ou a dureza do reinol; amolecera-se num português sem *rr* nem *ss*; infantilizara-se quase, em fala de menino, sob a influência do ensino jesuítico de colaboração com os culumins (p.220).

Ficou-nos, entretanto, dessa primeira dualidade de línguas, a dos senhores e a dos nativos, uma de luxo, oficial, outra popular, para o gasto – dualidade que durou seguramente século e meio e que prolongou-se depois, com outro caráter, no antagonismo entre a fala dos brancos das casas-grandes e a dos negros das senzalas – um vício, em nosso idioma, que só hoje, e através dos romancistas e poetas mais novos, vai sendo corrigido ou atenuado: o vácuo enorme entre a língua escrita e a língua falada (p.220).

~

Embora tenha fracassado o esforço dos jesuítas [de criar um português hirto e gramatical], contribuiu entretanto [o purismo dos padres-mestres] para a disparidade (...) entre a língua escrita e a falada do Brasil: a escrita recusando-se, com escrúpulos de donzelona, ao mais leve contato com a falada; com a do povo; com a de uso corrente (p.415).

~

Mesmo a língua falada conservou-se por algum tempo dividida em duas: uma, das casas-grandes; outra, das senzalas. Mas a aliança da ama negra com o menino branco, da mucama com a sinhá-moça, do sinhozinho com o moleque acabou com essa dualidade (p.416).

~

Nossas avós, tantas delas analfabetas, mesmo quando baronesas e viscondessas, satisfaziam-se em contar os segredos ao padre confessor e à mucama de estimação; e a sua tagarelice dissolveu-se quase toda nas conversas com as pretas boceteiras, nas tardes de chuva ou nos meios-dias quentes, morosos (p.45 – repetida no tema *Educação patriarcal*).

~

Muitas brasileiras, porém, tornaram-se baronesas e viscondessas do Império sem terem sido internas dos Recolhimentos: analfabetas, algumas; outras fumando como umas caiporas; cuspindo no chão; e ainda outras mandando arrancar dentes de escravas por qualquer desconfiança de xumbergação do marido com as negras (p.428 – repetida no tema *Educação patriarcal*).

Creio que não há no Brasil um só diário escrito por mulher (p.45 – repetida no tema *Educação patriarcal*).

∾

Outro aspecto da obsessão que se tornou em Portugal o problema do amor físico surpreende-se no fato de não haver, talvez, nenhum país onde a anedota fescenina ou obscena tenha maiores apreciadores. Nem em nenhuma língua os palavrões ostentam tamanha opulência. Os palavrões e os gestos (p.331 – repetida no tema *Sexualidade*).

∾

A maior delícia do brasileiro é conversar safadeza. Histórias de frades com freiras. De portugueses com negras. De ingleses impotentes (p.331 – repetida no tema *Sexualidade*).

∾

A linguagem infantil também aqui se amoleceu ao contato da criança com a ama negra. Algumas palavras, ainda hoje duras ou acres quando pronunciadas pelos portugueses, se amaciaram no Brasil por influência da boca africana. Da boca africana aliada ao clima – outro corruptor das línguas europeias, na fervura por que passaram na América tropical e subtropical (p.414).

∾

O processo de reduplicação da sílaba tônica, tão das línguas selvagens e da linguagem das crianças, atuou sobre várias palavras dando ao nosso vocabulário infantil um especial encanto. O "dói" dos grandes tornou-se o "dodói" dos meninos. Palavra muito mais dengosa (p.414).

∾

A ama negra fez muitas vezes com as palavras o mesmo que com a comida: machucou-as, tirou-lhes as espinhas, os ossos, as durezas, só deixando para a boca do menino branco as sílabas moles. Daí esse português de menino que no norte do Brasil, principalmente, é uma das falas mais doces deste mundo. Sem *rr* nem *ss*; as sílabas finais moles; palavras que só faltam desmanchar-se na boca da gente (p.414).

A linguagem infantil brasileira, e mesmo a portuguesa, tem um sabor quase africano: *cacá, pipi, bumbum, tentém, neném, tatá, papá, papato, lili, mimi, au-au, bambanho, cocô, dindinho, bimbinha* (p.414).

～

Os nomes próprios foram dos que mais se amaciaram, perdendo a solenidade, dissolvendo-se deliciosamente na boca dos escravos. As Antônias ficaram Dondons, Toninhas, Totonhas; as Teresas, Tetés; os Manuéis, Nezinhos, Mandus, Manés; os Franciscos, Chico, Chiquinho, Chicó; os Pedros, Pepés; os Albertos, Bebetos, Betinhos. Isto sem falarmos das Iaiás, dos Ioiôs, das Sinhás, dos Manus, Calus, Bembens, Dedés, Marocas, Nocas, Nonocas, Gegês (p.414).

～

(...) os negros foram maiores inimigos que o clima dos *ss* e dos *rr*; maiores corruptores da língua no sentido da lassidão e do langor. Mães negras e mucamas, aliadas aos meninos, às meninas, às moças brancas das casas-grandes, criaram um português diverso do hirto e gramatical que os jesuítas tentaram ensinar aos meninos índios e semibrancos, alunos de seus colégios; do português reinol que os padres tiveram o sonho vão de conservar no Brasil (p.415).

～

Temos no Brasil dois modos de colocar pronomes, enquanto o português só admite um – o "modo duro e imperativo": *diga-me, faça--me, espere-me*. Sem desprezarmos o modo português, criamos um novo, inteiramente nosso, caracteristicamente brasileiro: *me diga, me faça, me espere*. Modo bom, doce, de pedido. E servimo-nos dos dois (p.417-418).

～

Ora, esses dois modos antagônicos de expressão, conforme necessidade de mando ou cerimônia, por um lado, e de intimidade ou de súplica, por outro, parecem-nos bem típico das relações psicológicas que se desenvolveram através da nossa formação patriarcal entre os senhores e os escravos: entre as sinhá-moças e as mucamas; entre os brancos e os pretos (p.418).

"Faça-me", é o senhor falando; o pai; o patriarca; "me dê", é o escravo, a mulher, o filho, a mucama. Parece-nos justo atribuir em grande parte aos escravos, aliados aos meninos das casas-grandes, o modo brasileiro de colocar pronomes. Foi a maneira filial, e meio dengosa, que eles acharam de se dirigir ao *pater familias* (p.418).

~

Por outro lado o modo português adquiriu na boca dos senhores certo ranço de ênfase hoje antipático: "faça-me isso"; "dê-me aquilo" (p.418).

~

É verdade que desde esses tempos remotos o "senhor" se adoçou em "sinhô", em "nhonhô", em "ioiô"; do mesmo modo que "negro" adquiriu na boca dos brancos um sentido de íntima e especial ternura: "meu nego", "minha nega"... (p.509).

~

(...) nenhuma influência foi maior que a do negro. As palavras africanas hoje do nosso uso diário, palavras em que não sentimos o menor sabor arrevesado do exótico, são inúmeras. Os menos puristas, escrevendo ou falando em público, já não têm, como outrora, vergonha de empregá-las. É como se nos tivessem vindo de Portugal, dentro dos dicionários e dos clássicos; com genealogia latina, árabe ou grega; com pai ou mãe ilustre. São entretanto vocábulos órfãos, sem pai nem mãe definida, que adotamos de dialetos negros sem história nem literatura; que deixamos que subissem, com os moleques e as negras, das senzalas às casas-grandes (p.416).

~

(...) sem a mesma rigidez [dos jesuítas], padres-mestres e capelães de engenho procuraram contrariar a influência dos escravos, opondo-lhe um português quase de estufa. Mas quase em vão (p.415).

~

É certo que as diferenças a separarem cada vez mais o português do Brasil do de Portugal não resultaram todas da influência africana; também da indígena; "dos ciganos"; "dos espanhóis"... (p.416).

Os padres-mestres e os capelães de engenho, que, depois da saída dos jesuítas, tornaram-se os principais responsáveis pela educação dos meninos brasileiros, tentaram reagir contra a onda absorvente da influência negra, subindo das senzalas às casas-grandes; e agindo mais poderosamente sobre a língua dos sinhô-moços e das sinhazinhas do que eles, padres-mestres, com todo o seu latim e com toda a sua gramática; com todo o prestígio das suas varas de marmelo e das suas palmatórias de sicupira (p.417 – repetida no tema *Educação patriarcal*).

～

Sucedeu, porém, que a língua portuguesa nem se entregou de todo à corrupção das senzalas, no sentido de maior espontaneidade de expressão, nem se conservou acalafetada nas salas de aula das casas-grandes sob o olhar duro dos padres-mestres (p.417).

～

A nossa língua nacional resulta da interpretação das duas tendências. Devemo-la tanto às mães Bentas e às tias Rosas como aos padres Gamas e aos padres Pereiras (p.417).

～

A força, ou antes, a potencialidade da cultura brasileira parece-nos residir toda na riqueza dos antagonismos equilibrados; o caso dos pronomes que sirva de exemplo (p.418 – repetida no tema *Equilíbrio de antagonismos*).

～

Seguirmos só o chamado "uso português", considerando ilegítimo o "uso brasileiro", seria absurdo. Seria sufocarmos, ou pelo menos abafarmos metade de nossa vida emotiva e das nossas necessidades sentimentais, e até de inteligência, que só encontram expressão justa no "me dê" e no "me diga". Seria ficarmos com um lado morto; exprimindo só metade de nós mesmos (p.418).

～

Somos duas metades confraternizantes que se vêm mutuamente enriquecendo de valores e experiências diversas; quando nos completarmos em um todo, não será com o sacrifício de um elemento ao outro (p.418).

Indolência

Ociosa, mas alagada de preocupações sexuais, a vida do senhor de engenho tornou-se uma vida de rede. Rede parada, com o senhor descansando, dormindo, cochilando. Rede andando, com o senhor em viagem ou a passeio debaixo de tapetes ou cortinas. Rede rangendo, com o senhor copulando dentro dela. Da rede não precisava afastar-se o escravocrata para dar suas ordens aos negros; mandar escrever suas cartas pelo caixeiro ou pelo capelão; jogar gamão com algum parente ou compadre (p.518).

~

De rede viajavam quase todos – sem ânimo para montar a cavalo: deixando-se tirar de dentro de casa como geleia por uma colher (p.518).

~

Depois do almoço, ou do jantar, era na rede que eles faziam longamente o quilo – palitando os dentes, fumando charuto, cuspindo no chão, arrotando alto, peidando, deixando-se abanar, agradar e catar piolho pelas molequinhas, coçando os pés ou a genitália; uns coçando-se por vícios; outros por doença venérea ou da pele (p.518).

~

Uns verdadeiros fornos ambulantes, os palanquins de luxo: cobertos de pesados tapetes azuis, verdes e encarnados ou de grossas cortinas. Nas redes e palanquins deixavam-se os senhores carregar pelos negros dias inteiros; uns viajando de um engenho a outro; outros passeando pelas ruas das cidades, onde ao se avistarem dois conhecidos, cada um na sua rede, era costume pararem para conversar; mas sempre deitados ou sentados nas almofadas pegando fogo (p.503-504).

(...) Em casa [os senhores de engenho], também, sempre sentados; ou então deitados nas redes e almofadas quentes (p.504).

~

As mulheres, de tanto viverem sentadas, diz um cronista holandês do século XVII que cambaleavam quando se punham de pé. Até nas igrejas esparramavam-se pelo chão – sentando-se de pernas cruzadas sobre as sepulturas, às vezes ainda frescas (p.504).

~

(...) as brasileiras envelheciam depressa; seu rosto tornava-se logo de um amarelo doentio. Resultado, decerto, dos muitos filhos que lhes davam os maridos; da vida morosa, banzeira, moleirona, dentro de casa; do fato de só saírem de rede e debaixo de pesados tapetes de cor – *modus gestandi lusitanas*, escreveu Barléus no século XVII; ou então de banguê ou liteira; e no século XIX de palanquim e carro de boi (p.428 – repetida no tema *Envelhecimento precoce da portuguesa*).

~

O açúcar não teve, por certo, responsabilidade tão direta pela moleza dos homens. Teve-a, porém, e grande, como causa indireta: exigindo escravos; repelindo a policultura. Exigindo escravos para "mãos e pés do senhor de engenho", como disse Antonil (p.517).

~

Escravos que se tornaram literalmente os pés dos senhores: andando por eles, carregando-os de rede ou de palanquim. E as mãos – ou pelo menos as mãos direitas; as dos senhores se vestirem, se calçarem, se abotoarem, se limparem, se catarem, se lavarem, tirarem os bichos dos pés (p.517).

~

Cada branco de casa-grande ficou com duas mãos esquerdas, cada negro com duas mãos direitas. As mãos do senhor só servindo para desfiar o rosário no terço da Virgem; para pegar as cartas de jogar; para tirar rapé das bocetas ou dos corrimboques; para agradar, apalpar, amolegar os peitos das negrinhas, das mulatas, das escravas bonitas dos seus haréns (p.518 — repetida nos temas *Sexualidade* e *Prostituição doméstica da casa-grande*).

No senhor branco o corpo quase que se tornou exclusivamente o *membrum virile*. Mãos de mulher; pés de menino; só o sexo arrogantemente viril (p.518 – repetida nos temas *Sexualidade* e *Prostituição doméstica da casa-grande*).

~

O clima quente pode ter contribuído para a maior lubricidade e a maior languidez do brasileiro; mas não as criou ou produziu (p.519 – repetida no tema *Sexualidade*).

~

Mas excetuados [os] rompantes guerreiros, a vida dos aristocratas do açúcar foi lânguida, morosa. (...) Os dias se sucediam iguais; a mesma modorra; a mesma vida de rede, banzeira, sensual. E os homens e as mulheres, amarelos, de tanto viverem deitados dentro de casa e de tanto andarem de rede ou de palanquim (p.519).

~

Algumas senhoras até nas igrejas entravam de rede, muito anchas e triunfantes, nos ombros dos escravos. Verdadeira afronta aos santos. Foi preciso que os bispos proibissem tamanha ostentação de indolência (p.428).

~

[Quinze anos] Idade em que já eram sinhá-donas; senhoras casadas. Algumas até mães. Na missa, vestidas de preto, cheias de saias de baixo e com um véu ou mantilha por cima do rosto; só deixando de fora os olhos – os grandes olhos tristonhos. Dentro de casa, na intimidade do marido e das mucamas, mulheres relassas. Cabeção picado de renda. Chinelo sem meias. Os peitos às vezes de fora (p.431-432 – citação repetida no tema *Indumentária* e parte no tema *Sinhazinhas, sinhá-moças, sinhá-donas*).

~

É verdade que esses homens moles, de mãos de mulher, amigos exagerados da rede; voluptuosos do ócio; aristocratas com vergonha de ter pernas e pés para andar e pisar no chão como qualquer escravo ou plebeu – souberam ser duros e valentes em momentos de perigo (p.518).

E não só os senhores: também as senhoras de engenho tiveram seus assomos de energia, seus rompantes de estoicismo (p.519).

Medos, superstições, bruxarias

Longe de ser o livre animal imaginado pelos românticos, o selvagem da América, aqui surpreendido em plena nudez e nomadismo, vivia no meio de sombras de preconceito e de medo... (p.172).

~

Estava longe o culumim de ser o menino livre imaginado por J.-J. Rousseau: criado sem medo nem superstições (p.198).

~

Do que não estava livre entre os selvagens a vida de menino nem de gente grande era de horrorosos medos. Medo de que o céu caísse por cima deles. Medo de que a terra lhes fosse embora dos pés (p.210).

~

E o menino brasileiro dos tempos coloniais viu-se rodeado de maiores e mais terríveis mal-assombrados que todos os outros meninos do mundo (p.411).

~

Tanto quanto entre os civilizados, vamos encontrar entre os selvagens numerosas abusões em volta à criança: umas profiláticas, correspondendo a receios da parte dos pais de espíritos ou influências malignas; outras pedagógicas, visando orientar o menino no sentido do comportamento tradicional da tribo ou sujeitá-lo indiretamente à autoridade dos grandes (p.198).

~

Através da infância continuavam as medidas de profilaxia da criança contra as influências malignas... (p.202).

Pelo suor, como pelo sangue, supunha o primitivo eliminar-se o demônio do corpo do indivíduo (p.208).

~

Daí certos selvagens sujeitarem seus doentes, considerados sempre endemoniados ou encafifados – a fortes exercícios coreográficos de um caráter todo cerimonial e mágico e não de divertimento nem de sociabilidade. Não é o suor lúbrico mas o místico que se procura nessas danças, durante as quais é comum os indivíduos se espancarem uns aos outros (p.208-209).

~

A mulher grávida passou a ser profilaticamente resguardada [de certos] males por uma série de práticas em que às influências africanas misturaram-se, muitas vezes descaracterizados, traços de liturgia católica e sobrevivências de rituais indígenas (p.407).

~

Não só para fins amorosos, como em torno ao recém-nascido, reuniram-se, no Brasil, as duas correntes místicas: a portuguesa, de um lado; a africana ou a ameríndia do outro. Aquela representada pelo pai ou pelo pai e mãe brancos; esta, pela mãe índia ou negra, pela ama de leite, pela mãe de criação, pela mãe-preta, pela escrava africana (p.409).

~

Os cuidados profiláticos de mãe e ama confundiram-se sob a mesma onda de ternura maternal. Quer os cuidados de higiene do corpo, quer os espirituais contra os quebrantos e o mau-olhado (p.409).

~

(...) a noção de caiporismo, tão ligado à vida psíquica do brasileiro de hoje, deriva-se da crença ameríndia no gênio agourento do caipora... (p.172).

~

Sumiu-se o caipora, deixando em seu lugar o caiporismo, do mesmo modo que desapareceram os pajés, deixando atrás de si primeiro as "santidades" do século XVI, depois várias formas de terapêutica e de animismo, muitas delas hoje incorporadas, junto com sobrevivências de magia ou de religião africana, ao baixo espiritismo, que tanta concorrência faz à medicina à europeia e ao exorcismo dos padres, nas principais cidades e por todo o interior do Brasil (p.172).

$\sim$

É um caso, o da frequência do encarnado no trajo popular da mulher brasileira, principalmente no Nordeste e na Amazônia, típico daqueles em que as três influências – a ameríndia, a africana e a portuguesa – aparecem reunidas em uma só, sem antagonismo nem atrito. Em sua origem, e por qualquer das três vias, trata-se de um costume místico, de proteção ou de profilaxia do indivíduo contra espíritos ou influências más (p.173).

$\sim$

(...) pintando-se, ou antes, untando-se do oleoso urucu [encarnado], parece que se protegiam os selvagens durante a caça ou a pesca, da ação do sol sobre a pele, das picadas de mosquito e de outros insetos e das oscilações de temperatura... (p.173).

$\sim$

Era também o corpo pintado de urucu ou jenipapo: os beiços, o septo, as orelhas perfuradas; batoques, fusos, penas enfiadas nesses orifícios; dentes de animais pendurados ao pescoço. Tudo para desfigurar, mutilar a criança, com o fim de torná-la repulsiva aos espíritos maus; guardá-la do mau-olhado e das más influências (p.202).

$\sim$

Ou então [a morte da criança] era mau-olhado. Coisa-feita. Bruxedo. Feitiço. Contra o que só as figas, os dentes de jacaré, as rezas, os tesconjuros (p.450 – repetida no tema *Mortes em tempos patriarcais*).

$\sim$

Entre algumas tribos as mães faziam para os filhos brinquedos de barro não cozido representando figuras de animais e de gente... (...) O que parece, entretanto, é que teriam essas figuras de gente e de animais o seu sentido oculto; que não seriam simples brinquedos. Ou antes: que aos brinquedos das crianças estendiam-se untuosamente o animismo, o totemismo, a magia sexual (p.204).

Mas o gosto da criança pelos brinquedos de figuras de animais é ainda traço característico da cultura brasileira, embora vá desaparecendo com a estandardização dessa indústria pelos padrões americano e alemão: brinquedos mecânicos (p.205).

~

(...) nas nossas feiras do interior ainda se encontram interessantes brinquedos de figuras de animais: notadamente de macacos, besouros, tartarugas, lagartixas, sapos (p.205).

~

Da tradição indígena ficou no brasileiro o gosto pelos jogos e brinquedos infantis de arremedo de animais... (p.206).

~

A tradição indígena das bonecas de barro não se comunicou à cultura brasileira; a boneca dominante tornou-se a de pano, de origem talvez africana (p.204-205).

~

Aos portugueses parece que a mística do vermelho se teria comunicado através dos mouros e dos negros africanos; e tão intensamente que em Portugal o vermelho domina como em nenhum país da Europa... (p.173).

~

Embora já um tanto perdida entre o povo a noção profilática do vermelho, é evidente que a origem dessa predileção prende-se a motivos místicos. E é ainda o encarnado entre os portugueses a cor do amor, do desejo de casamento (p.174).

~

Nos africanos, encontra-se a mística do vermelho associada às principais cerimônias da vida, ao que parece com o mesmo caráter profilático que entre os ameríndios (p.174).

~

Nos vários Xangôs e seitas africanas que temos visitado no Recife, e nos seus arredores é o vermelho a cor que prevalece, notando-se entre os devotos homens de camisa encarnada. Nos turbantes, saias e xales das mulheres de Xangô domina o vermelho vivo (p.174).

~

Nos nossos maracatus e reisados, o rei do Congo ou a rainha aparece sempre de manto vermelho; e encarnado são sempre os estandartes, com cabeças de animais ou emblemas de ofícios pintados ou bordados a ouro, dos clubes populares de carnaval... (p.174).

~

No Brasil a tendência para o vermelho, já salientada no trajo da mulher do povo, nos estandartes dos clubes de carnaval, nos mantos de rainha de maracatu etc., observa-se ainda em outros aspectos da vida popular ou da arte doméstica... (p.175).

~

Mas o que se pode concluir é ser a preferência pelo encarnado no brasileiro um traço de origem principalmente ameríndia (p.175).

~

Mas para os selvagens da América do Sul o vermelho não era só, ao lado do preto, cor profilática, capaz de resguardar o corpo humano de influências maléficas; nem cor tonificante, com a faculdade de dar vigor às mulheres paridas e aos convalescentes e resistência aos indivíduos empenhados em trabalho duro ou exaustivo; nem a cor da felicidade, com o poder mágico de atrair a caça ao caçador (visando o que, os Canelo pintavam até os cachorros) (p.177).

~

Era ainda [o vermelho] a cor erótica, de sedução ou atração, menos por beleza ou qualidade estética do que por magia... (p.177).

~

Qual fosse o motivo fundamental da preferência do selvagem da América pelo vermelho não é fácil de precisar: talvez o fato de ser a cor do sangue e, por isso mesmo, misticamente prestigiosa entre povos entregues ainda à caça e à guerra permanente (p.177).

Danças semelhantes de "diabo" – ou Jurupari – havia entre os indígenas do Brasil; e com o mesmo fim de amedrontar as mulheres e as crianças e conservá-las em boa ordem (p.200).

~

Os jesuítas conservaram danças indígenas de meninos, fazendo entrar nelas uma figura cômica de diabo, evidentemente com o fim de desprestigiar pelo ridículo o complexo Jurupari (p.200 – repetida no tema *Cristianismo*).

~

Desprestigiados o Jurupari, as máscaras e os maracás sagrados, estava destruído entre os índios um dos seus meios mais fortes de controle social: e vitorioso, até certo ponto, o cristianismo (p.200 – repetida no tema *Cristianismo*).

~

O diabo do sistema católico veio juntar-se ao complexo Jurupari ou mesmo absorvê-lo (p.211 – repetida no tema *Cristianismo*).

~

Por uma espécie de memória social, como que herdada, o brasileiro, sobretudo na infância, quando mais instintivo e menos intelectualizado pela educação europeia, se sente estranhamente próximo da floresta viva, cheia de animais e monstros, que conhece pelos nomes indígenas e, em grande parte, através das experiências e superstições dos índios (p.200 – repetida no tema *Mata Atlântica: complexo do bicho*).

~

Medo que nos comunica o fato de estarmos ainda tão próximos da mata viva e virgem e de sobreviver em nós, diminuído mas não destruído, o animismo indígena (p.201 – repetida no tema *Mata Atlântica: complexo do bicho*).

~

Novos medos trazidos da África, ou assimilados dos índios, pelos colonos brancos e pelos negros, juntaram-se aos portugueses, da coca, do papão, do lobisomem; ao dos olharapos, da cocaloba, da farranca, da Maria-da-Manta, do trangomango, do homem-das-sete-dentaduras, das almas penadas (p.411).

~

E havia ainda o papa-figo – homem que comia fígado de menino (p.411 – repetida no tema *Mata Atlântica: complexo do bicho*).

~

E o Quibungo? Este, então, veio inteiro da África para o Brasil. Um bicho horrível. Metade gente, metade animal. Uma cabeça enorme. E no meio das costas um buraco que se abre quando ele abaixa a cabeça. Come os meninos abaixando a cabeça: o buraco do meio das costas se abre e a criança escorrega por ele. E adeus! está no papo do Quibungo (p.411 – repetida no tema *Mata Atlântica: complexo do bicho*).

~

O Cabeleira, o bandido do canaviais de Pernambuco, que foi afinal enforcado, é outro que tornou-se quase um fantasma. Quase um Quibungo. Não houve menino pernambucano que do fim da era colonial até os princípios do século XX – o século da luz elétrica, que acabou com tanto mal-assombrado bom, para só deixar os banais (...) – não tremesse de horror ao ouvir o nome de Cabeleira (p.412 – repetida no tema *Mata Atlântica: complexo do bicho*).

~

É um interesse quase instintivo, o do menino brasileiro de hoje pelos bichos temíveis. Semelhante ao que ainda experimenta a criança europeia pelas histórias de lobo e de urso; porém muito mais vivo e forte; muito mais poderoso e avassalador na sua mistura de medo e fascinação; embora na essência mais vago (p.201 – repetida no tema *Mata Atlântica: complexo do bicho*).

~

O menino brasileiro do que tem medo não é tanto de nenhum bicho em particular, como do bicho em geral, um bicho que não se sabe bem qual seja, espécie de síntese da ignorância do brasileiro tanto da fauna como da flora do seu país (p.201 – repetida no tema *Mata Atlântica: complexo do bicho*).

Quase toda criança brasileira, mais inventiva ou imaginosa, cria o seu *macobeba*, baseado nesse pavor vago, mas enorme, não de nenhum bicho em particular – nem da cobra, nem da onça, nem da capivara – mas do bicho – do bicho tutu, do bicho carrapatu, do zumbi: em última análise, do Jurupari (p.201 – repetida no tema *Mata Atlântica: complexo do bicho*).

~

No que há de vago no medo do *bicho* se manifesta o fato de sermos ainda, em grande parte, um povo de integração incompleta no *habitat* tropical ou americano... (p.201 – repetida no tema *Mata Atlântica: complexo do bicho*).

~

(...) mas já a fascinação por tudo o que é história de animais, mesmo assim vagamente conhecidos, o grande número de superstições ligadas a eles, indicam um processo, embora lento, de integração completa no meio; ao mesmo tempo que a sobrevivência de tendências totêmicas e animistas (p.201 – repetida no tema *Mata Atlântica: complexo do bicho*).

~

(...) o próprio jogo de azar, chamado do bicho, tão popular no Brasil, encontra base para tamanha popularidade no resíduo animista e totêmico de cultura ameríndia reforçada depois pela africana (p.206 – repetida no tema *Mata Atlântica: complexo do bicho*).

~

A frequência da feitiçaria e da magia sexual entre nós é outro traço que passa por ser de origem exclusivamente africana. (...) Suas práticas podem ter recebido influência africana: em essência, porém, foram expressões do satanismo europeu que ainda hoje se encontra entre nós, misturado à feitiçaria africana ou indígena (p.405-406).

~

Como em Portugal a bruxaria, a feitiçaria no Brasil, depois de dominada pelo negro, continuou a girar em torno do motivo amoroso, de interesse de geração e de fecundidade; a proteger a vida da mulher grávida e da criança ameaçada por tantos males – febres, câimbra de sangue, mordedura de cobra, espinhela caída, mau-olhado (p.407).

~

Mas o grosso das crenças e práticas da magia sexual que se desenvolveram no Brasil foram coloridas pelo intenso misticismo do negro; algumas trazidas por ele da África, outras africanas apenas na técnica, servindo-se de bichos e ervas indígenas (p.407-408).

~

Foi a perícia no preparo de feitiços sexuais e afrodisíacos que deu tanto prestígio a escravos macumbeiros junto a senhores brancos já velhos e gastos (p.408).

~

Sabe-se aliás que em Portugal a bruxaria chegou a envolver a vida de pessoas as mais cultas e ilustres (p.406).

~

O amor foi grande motivo em torno do qual girou a bruxaria em Portugal. Compreende-se aliás a voga dos feiticeiros, das bruxas, das benzedeiras, dos especialistas em sortilégios afrodisíacos, no Portugal desfalcado de gente que, num extraordinário esforço de virilidade, pôde ainda colonizar o Brasil (p.406).

~

A bruxaria foi um dos estímulos que concorreram, a seu modo, para a superexcitação sexual de que resultou preencherem-se legítima ou ilegitimamente, na escassa população portuguesa, os claros enormes abertos pelas guerras e pelas pestes. (...) Sobre abusões e crenças medievais (p.406-407).

~

Sob formas católicas, superficialmente adotadas, prolongaram-se até hoje (...) tendências totêmicas na cultura brasileira. São sobrevivências fáceis de identificar, uma vez raspado o verniz de dissimulação ou simulação europeia... (p.200).

Aliás a vida selvagem toda, através de suas diversas fases, se achava impregnada de um animismo, de um totemismo, de uma magia sexual que forçosamente se comunicariam à cultura do invasor: esta só os fez deformar. Não os destruiu (p.211).

~

(...) o mais civilizado dos homens guarda dentro de si a predisposição a muitos desses grandes medos primitivos; em nós brasileiros, eles apenas atuam com mais força por ainda nos acharmos à sombra do mato virgem (p.212).

~

O brasileiro é por excelência o povo da crença no sobrenatural: em tudo o que nos rodeia sentimos o toque de influências estranhas; de vez em quando os jornais revelam casos de aparições, mal--assombrados, encantamentos (p.212).

Higiene

(...) são povos [os indígenas] de um asseio corporal e até de uma moral sexual às vezes superior à daqueles que o pudor cristão faz cobrirem-se de pesadas vestes (p.180-181).

~

O português no Brasil muito transigiu com a higiene nativa, quer a da habitação quer na pessoal. Na pessoal, adotando o banho diário e desembaraçando as crianças dos cueiros e abafos grossos. Na da habitação, adotando dos índios a coberta de palha, como adotara dos asiáticos a parede grossa e o alpendre (p.335).

~

À higiene infantil indígena ou africana – à maior liberdade da criança dos panos grossos e dos agasalhos pesados – é que se foi acomodando a europeia, através da mediação da escrava índia ou negra. Mas aos poucos. À custa de muito sacrifício de vida (p.448).

~

(...) surpreendeu aos primeiros portugueses e franceses chegados nesta parte da América um povo ao que parece sem mancha de sífilis na pele; e cuja maior delícia era o banho de rio. Que se lavava constantemente da cabeça aos pés; que se conservava em asseada nudez... (p.182 – repetida no tema *Doenças em tempos patriarcais*).

~

(...) na verdade foi nas mulheres [indígenas] que os europeus encontraram maior resistência à imposição do vestuário moralizador mas para elas anti-higiênico. (...) O que alegavam era que tanto pano por cima do corpo dificultava-lhes o costume de se lavarem livre e frequentemente no rio; às vezes quase de hora em hora. Dez, doze banhos por dia (p.183).

Quanto ao asseio do corpo, os indígenas do Brasil eram decerto superiores aos cristãos aqui chegados em 1500. Não nos esqueçamos de que entre estes exaltavam-se por essa época santos como Santo Antão, o fundador do monaquismo, por nem os pés dar-se à vaidade de lavar; ou como São Simeão, o Estilista, de quem de longe se sentia a inhaca de sujo (p.181).

∾

E não seriam os portugueses os menos limpos entre os europeus do século XVI, como a malícia antilusitana talvez esteja a imaginar; mas, ao contrário, dos mais asseados, devido à influência dos mouros (p.181).

∾

O horror à água, o desleixo pela higiene do corpo e do vestuário permanecem entre os portugueses. Cremos poder afirmar que mais intenso nas zonas menos beneficiadas pela influência moura (p.301).

∾

Ao escravo negro se obrigou aos trabalhos mais imundos na higiene doméstica e pública dos tempos coloniais. Um deles, o de carregar à cabeça, das casas para as praias, os barris de excremento vulgarmente conhecidos por tigres. Barris que nas casas-grandes das cidades ficavam longos dias dentro de casa, debaixo da escada ou num outro recanto acumulando matéria. Quando o negro os levava é que já não comportavam mais nada. Iam estourando de cheios. De cheios e de podres. Às vezes largavam o fundo, emporcalhado-se então o carregador da cabeça aos pés. Foram funções, essas e várias outras, quase tão vis, desempenhadas pelo escravo africano com uma passividade animal (p.550).

∾

(...) não foi com o negro que se introduziu no Brasil o piolho; nem a "mão de coçar"; nem o percevejo de cama. E é de presumir que o escravo africano, principalmente o de origem maometana, muitas vezes experimentasse verdadeira repugnância pelos hábitos menos asseados dos senhores brancos (p.550).

Não se pode acusar de sujos e propagadores de imundície os negros que, quando libertos, deram para barbeiros, dentistas, fabricantes de vassouras de piaçava; (...) alguns para lavar chapéus do chile; as negras para doceiras caprichosas na limpeza dos seus tabuleiros; ou para lavadeiras igualmente asseadas. Profissões cujo exercício, com evidentes preocupações de higiene, em parte os redime da mancha infamante de carregadores de tigres (p.550).

∾

[Traço de influência moura]: o gosto dos voluptuosos banhos de gamela ou de "canoa"; o gosto da água corrente cantando nos jardins das casas-grandes (p.299 – repetida no tema *Influência moura*).

∾

O contraste da higiene verdadeiramente felina dos maometanos com a imundície dos cristãos, seus vencedores, é traço que aqui se impõe destacar (p.301 – repetida no tema *Influência moura*).

∾

O azulejo quase se transformou, para os cristãos, em tapete decorativo de que o hagiológio tirou o melhor partido na decoração piedosa das capelas, dos claustros e das residências. Guardou, porém, pela própria natureza do seu material, as qualidades higiênicas, caracteristicamente árabes e mouriscas, de frescura, lustro fácil e limpeza (p.300 – repetida nos temas *Cristianismo* e *Influência moura*).

∾

A casa portuguesa do sul, sempre calada de fresco, contrasta pela sua alvura franciscana com a dos portugueses do norte e do centro – suja, feia, emporcalhada. Influência evidente do mouro no sentido da claridade e da alegre frescura da higiene doméstica. Por dentro, o mesmo contraste. Faz gosto entrar numa casa do sul, onde o trem de cozinha espelha nas paredes; onde se tem uma impressão deliciosa de louça limpa e de toalhas lavadas (p.301 – repetida no tema *Influência moura*).

PREDISPOSIÇÕES AFRICANAS

[O negro], vindo de um estádio de cultura superior ao do americano, corresponderia melhor às necessidades brasileiras de intenso e contínuo esforço físico. Esforço agrícola, sedentário. Mas era outro homem. Homem agrícola. Outro, seu regime de alimentação, que, aliás, pouca alteração sofreria no Brasil, transplantadas para cá muitas das plantas alimentares da África: o feijão, a banana, o quiabo; e transportados das ilhas portuguesas do Atlântico para a colônia americana o boi, o carneiro, a cabra, a cana-de-açúcar (p.230).

~

Não nos interessa, senão indiretamente, nesse ensaio, a importância do negro na vida estética, muito menos no puro progresso econômico, do Brasil. Devemos, entretanto, recordar que foi imensa. No litoral agrário, muito maior, ao nosso ver, que a indígena. Maior, em certo sentido, que a do português (p.368).

~

Nada mais absurdo do que negar-se ao negro sudanês, por exemplo, importado em número considerável para o Brasil, cultura superior à do indígena mais adiantado (p.370).

~

Por (...) traços de cultura material e moral revelaram-se os escravos negros, dos estoques mais adiantados, em condições de concorrer melhor que os índios à formação econômica e social do Brasil. Às vezes melhor que os portugueses (p.370).

~

Pode-se juntar, a essa superioridade técnica e de cultura dos negros, sua predisposição como que biológica e psíquica para a vida nos trópicos. Sua maior fertilidade nas regiões quentes. Seu gosto de sol. Sua energia sempre fresca e nova quando em contato com a floresta tropical (p.370).

~

Questão de constituição psicológica (...). E fisiológica também, através da capacidade do negro de transpirar por todo o corpo e não apenas pelos sovacos. De transpirar como se de todo ele manasse um óleo, e não apenas escorressem pingos isolados de suor, como do branco (p.370-371).

~

Tais contrastes de disposição psíquica e de adaptação talvez biológica ao clima quente explicam em parte ter sido o negro na América portuguesa o maior e mais plástico colaborador do branco na obra de colonização agrária; o fato de haver até desempenhado entre os indígenas uma missão civilizadora no sentido europeizante. Missão que quiséramos fosse melhor conhecida pelos nossos indianófilos (p.372).

~

No caso dos negros, comparados com os indígenas do Brasil, pode-se talvez atribuir parte de sua superioridade de eficiência econômica e eugênica ao regime alimentar mais equilibrado e rico que o dos outros, povos ainda nômades, sem agricultura regular nem criação de gado (p.373).

~

(...) Sua capacidade de ação e de trabalho [do índio] falhou, porém, no rame-rame tristonho da lavoura de cana, que só as reservas extraordinárias de alegria e de robustez animal do africano tolerariam tão bem (p.163 – parte da citação repetida no tema *Bandeirantismo* e completa no tema *Índio macho*).

~

Os escravos vindos das áreas de cultura negra mais adiantada foram um elemento ativo, criador, e quase que se pode acrescentar nobre na colonização do Brasil; degradados apenas pela sua condição de escravos. Longe de terem sido apenas animais de tração e operários de enxada, a serviço da agricultura, desempenharam uma função civilizadora (p.390 – repetida nos temas *Procedência dos escravos* e *Ação deletéria da escravidão*).

PROCEDÊNCIA DOS ESCRAVOS

Infelizmente as pesquisas em torno da imigração de escravos negros para o Brasil tornaram-se extremamente difíceis, em torno de certos pontos de interesse histórico e antropológico, depois que o eminente baiano, conselheiro Rui Barbosa, ministro do Governo Provisório após a proclamação da República de 1889, por motivos ostensivamente de ordem econômica – a circular emanou do Ministro da Fazenda sob o nº 29 e com data de 13 de maio de 1891 – mandou queimar os arquivos da escravidão. Talvez esclarecimentos genealógicos preciosos se tenham perdido nesses autos de fé republicanos (p.383-384).

~

Os historiadores do século XIX limitaram a procedência dos escravos importados para o Brasil ao estoque banto. É ponto que se deve retificar. De outras áreas de cultura africana transportaram-se para o Brasil escravos em grosso número. Muitos de áreas superiores à banto (p.382).

~

Mesmo sem o valioso recurso das estatísticas aduaneiras de entrada de escravos pôde Nina Rodrigues destruir o mito do exclusivismo banto na colonização africana no Brasil. Basta, na verdade, atentar--se na política portuguesa de distribuição de negros nas colônias para duvidar-se de semelhante exclusivismo. Ora, essa política foi não permitir que se juntasse numa capitania número preponderante da mesma nação ou estoque (p.384).

~

Se na Bahia predominaram sudaneses e no Rio e em Pernambuco negros austrais do grupo banto, não significa que outros estoques não fornecessem seu contingente aos três grandes centros de imigração e distribuição de escravos (p.384).

Fique bem claro, para regalo dos arianistas, o fato de ter sido o Brasil menos atingido que os Estados Unidos pelo suposto mal da "raça inferior". Isto devido ao maior número de fula-fulos e semi-hamitas – falsos negros e, portanto, para todo bom arianista, de estoque superior ao dos pretos autênticos – entre os emigrantes da África para as plantações e minas do Brasil (p.388 – repetida no tema *O chamado* "deep South").

∼

Deve-se, porém, salientar que a colonização africana do Brasil realizou-se principalmente com elementos bantos e sudaneses. Gente de áreas agrícolas e pastoris. Bem alimentada a leite, carne e vegetais. Os sudaneses da área ocidental, senhores de valiosos elementos de cultura material e moral próprios, uns e outros adquiridos e assimilados dos maometanos (p.393).

∼

Nada mais absurdo do que negar-se ao negro sudanês, por exemplo, importado em número considerável para o Brasil, cultura superior à do indígena mais adiantado (p.370).

∼

A verdade é que importaram-se para o Brasil, da área mais penetrada pelo islamismo, negros maometanos de cultura superior não só à dos indígenas como à da grande maioria dos colonos brancos – portugueses e filhos de portugueses quase sem instrução nenhuma, analfabetos uns, semianalfabetos na maior parte (p.381-382).

∼

São em geral pretalhonas de elevada estatura – essas negras que é costume chamar de baianas. Heráldicas. Aristocráticas. A estatura elevada é aliás um característico sudanês, que convém salientar (p.396).

∼

O sudanês é um dos povos mais altos do mundo. No Senegal veem-se negros tão altos que parecem estar andando de pernas de pau; tão compridos dentro de seus camisões de menino dormir que de longe parecem almas do outro mundo. Magricelas, dentuços, angulosos, hieráticos (p.396).

Parece que para as colônias inglesas o critério de importação de escravos da África foi quase exclusivamente o agrícola. O de energia bruta, animal, preferindo-se, portanto, o negro resistente, forte e barato. Para o Brasil a importação de africanos fez-se atendendo-se a outras necessidades e interesses. À falta de mulheres brancas; às necessidades de técnicos em trabalhos de metal, ao surgirem as minas. Duas poderosas forças de seleção (p.388-389 – repetida no tema *O chamado* "deep South").

~

O Brasil não se limitou a recolher da África a lama de gente preta que lhe fecundou os canaviais e os cafezais; que lhe amaciou a terra seca; que lhe completou a riqueza das manchas de massapê (p.391).

~

A formação brasileira foi beneficiada pelo melhor da cultura negra da África, absorvendo elementos por assim dizer de elite que faltaram na mesma proporção ao sul dos Estados Unidos (p.382 – repetida no tema *O chamado* "deep South").

~

Os escravos vindos das áreas de cultura negra mais adiantada foram um elemento ativo, criador, e quase que se pode acrescentar nobre na colonização do Brasil; degradados apenas pela sua condição de escravos. Longe de terem sido apenas animais de tração e operários de enxada, a serviço da agricultura, desempenharam uma função civilizadora (p.390 – repetida nos temas *Predisposições africanas* e *Ação deletéria da escravidão*).

~

A casa-grande fazia subir da senzala para o serviço mais íntimo e delicado dos senhores uma série de indivíduos – amas de criar, mucamas, irmãos de criação dos meninos brancos. Indivíduos cujo lugar na família ficava sendo não o de escravos mas o de pessoas de casa. Espécie de parentes pobres nas famílias europeias (p.435).

~

É natural que [a] promoção de indivíduos da senzala à casa-grande, para o serviço doméstico mais fino, se fizesse atendendo a qualidades físicas e morais; e não à toa e desleixadamente (p.435).

A negra ou mulata para dar de mamar a nhonhô, para niná-lo, preparar-lhe a comida e o banho morno, cuidar-lhe da roupa, contar-lhe histórias, às vezes para substituir-lhe a própria mãe – é natural que fosse escolhida dentre as melhores escravas da senzala. Dentre as mais limpas, mais bonitas, mais fortes. Dentre as menos boçais e as mais ladinas – como então se dizia para distinguir as negras já cristianizadas e abrasileiradas, das vindas há pouco da África; ou mais renitentes no seu africanismo (p.435-436 – repetida nos temas *Amamentação* e *Amas negras e mucamas*).

Saudosismo

(...) não foi toda de alegria a vida dos negros, escravos dos ioiôs e das iaiás brancas. Houve os que se suicidaram comendo terra, enforcando-se, envenenando-se com ervas e potagens dos mandingueiros. O banzo deu cabo de muitos. O banzo – a saudade da África (p.552-553).

～

Houve os que de tão banzeiros ficaram lesos, idiotas. Não morreram: mas ficaram penando. E sem achar gosto na vida normal – entregando-se a excessos, abusando da aguardente, da maconha, masturbando-se (p.553).

～

E o que mata [os] povos primitivos é perderem quase a vontade de viver (...). Morrendo de desinteresse pela vida. Morrendo de banzo. Ou chegando mesmo a se matar (p.231).

～

Há muito que descontar nas pretensões de grandeza do português. Desde fins do século XVI ele vive parasitariamente de um passado cujo esplendor exagera (p.267 – repetida no tema *Ancestralidade ibérica*).

～

Longe de conformar-se com uma viuvez honesta, de nação decaída – como mais tarde a Holanda, que depois de senhora de vasto império entregou-se ao fabrico do queijo e da manteiga – continuou Portugal, após Alcácer-Quebir, a supor-se o Portugal opulento de D. Sebastião vivo. A alimentar-se da fama adquirida nas conquistas de ultramar. A iludir-se de uma mística imperialista já sem base. A envenenar-se da mania de grandeza (p.268 – repetida no tema *Ancestralidade ibérica*).

É um povo [o português] que vive a fazer de conta que é poderoso e importante. Que é supercilivizado à europeia. Que é grande potência colonial (p.268 – repetida no tema *Ancestralidade ibérica*).

～

Portugal continua de ponta de pé, no esforço de aparecer entre as grandes potências europeias (p.268 – repetida no tema *Ancestralidade ibérica*).

Sexualidade

O grande problema da colonização portuguesa do Brasil – o de gente – fez que entre nós se atenuassem escrúpulos contra irregularidades de moral ou conduta sexual (p.531).

~

No Brasil, as relações entre os brancos e as raças de cor foram desde a primeira metade do século XVI condicionadas, de um lado pelo sistema de produção econômica – a monocultura latifundiária; do outro, pela escassez de mulheres brancas, entre os conquistadores (p.32).

~

[O] contingente francês no primeiro povoamento do Brasil não deve ser esquecido. Suas principais localizações foram na Bahia e por todos aqueles pontos do litoral mais ricos de pau-de-tinta. Como os primeiros portugueses, deram-se os franceses ao único luxo possível nas rudes circunstâncias de desbravamento, da nova terra: o de cercarem-se de muitas mulheres (p.162).

~

O (...) sistema jesuítico, no que logrou maior êxito no Brasil dos primeiros séculos foi na parte mística, devocional e festiva do culto católico (p.115 – repetida no tema *Cristianismo*).

~

(...) o cristianismo (...) já nos vinha de Portugal cheio de sobrevivências pagãs, aqui se enriquecendo de notas berrantes e sensuais para seduzir o índio (p.222 – repetida no tema *Cristianismo*).

Das religiões pagãs, mas também da de Maomé, conservou como nenhum outro cristianismo na Europa o gosto de carne. Cristianismo em que o Menino Deus se identificou com o próprio Cupido e a Virgem Maria e os Santos com os interesses de procriação, de geração e de amor mais do que com os de castidade e de ascetismo. Neste ponto o cristianismo português pode-se dizer que excedeu ao próprio maometanismo (p.302 – repetida nos temas *Cristianismo* e *Influência moura*).

~

No culto ao Menino Jesus, à Virgem, aos Santos, reponta sempre no cristianismo português a nota idílica e até sensual. O amor ou o desejo humano. Influência do maometanismo parece que favorecida pelo clima doce e como que afrodisíaco de Portugal (p.302 – repetida nos temas *Cristianismo* e *Influência moura*).

~

O concurso de grande parte, senão da maioria deles, à obra de procriação, foi tão generosamente aceito em Portugal que as Ordenações do Reino mandavam que as justiças não prendessem nem mandassem prender clérigo algum, ou frade, por ter barregã (p.325 – repetida nos temas *Cristianismo* e *Prostituição doméstica da casa-grande*).

~

Os interesses de procriação abafaram não só os preconceitos morais como os escrúpulos católicos de ortodoxia; e ao seu serviço vamos encontrar o cristianismo que, em Portugal, tantas vezes tomou característicos quase pagãos de culto fálico (p.325-326 – repetida no tema *Cristianismo*).

~

Os azulejos, de desenhos assexuais entre os maometanos, animaram-se de formas quase afrodisíacas nos claustros dos conventos e nos rodapés das sacristias. De figuras nuas. De meninozinhos-Deus em que as freiras adoraram muitas vezes o deus pagão do amor de preferência ao Nazareno triste e cheio de feridas que morreu na cruz (p.302 – repetida nos temas *Cristianismo* e *Influência moura*).

~

Os grandes santos nacionais tornaram-se aqueles a quem a imaginação do povo achou de atribuir milagrosa intervenção em aproximar os sexos, em fecundar as mulheres, em proteger a maternidade: Santo Antônio, São João, São Gonçalo do Amarante, São Pedro, o Menino Deus, Nossa Senhora do Ó, da Boa Hora, da Conceição, do Bom Sucesso, do Bom Parto (p.325-326 – repetida no tema *Cristianismo*).

∽

Dançou-se e namorou-se muito nas igrejas coloniais do Brasil (p.327 – repetida no tema *Cristianismo*).

∽

Uma das primeiras festas meio populares, meio de igreja, de que nos falam as crônicas coloniais do Brasil é a de São João já com as fogueiras e as danças. Pois as funções desse popularíssimo santo são afrodisíacas; e ao seu culto se ligam até práticas e cantigas sensuais. É o santo casamenteiro por excelência (p.326 – repetida no tema *Cristianismo*).

∽

As sortes que se fazem na noite ou na madrugada de São João, festejado a foguetes, busca-pés e vivas, visam no Brasil, como em Portugal, a união dos sexos, o casamento, o amor que se deseja e não se encontrou ainda (p.326 – repetida no tema *Cristianismo*).

∽

É um dos santos [São João] que mais encontramos associados às práticas de feitiçaria afrodisíaca no Brasil. É a imagem desse santo que frequentemente se pendura de cabeça para baixo dentro da cacimba ou do poço para que atenda às promessas o mais breve possível. Os mais impacientes colocam-na dentro de urinóis velhos (p.326-327 – repetida no tema *Cristianismo*).

∽

São Gonçalo do Amarante presta-se a sem-cerimônias ainda maiores. Ao seu culto é que se acham ligadas as práticas mais livres e sensuais. Às vezes até safadezas e porcarias. Atribuem-lhe a especialidade de arrumar marido ou amante para as velhas como a São Pedro a de casar as viúvas. Mas quase todos os amorosos recorrem a São Gonçalo (p.327 – repetida no tema *Cristianismo*).

Gente estéril, maninha, impotente, é a São Gonçalo que se agarra nas suas últimas esperanças (p.327 – repetida no tema *Cristianismo*).

~

Como era natural, esses santos, protetores do amor e da fecundidade entre os homens, tornaram-se também protetores da agricultura. Com efeito tanto São João e Nossa Senhora do Ó – às vezes adorada na imagem de uma mulher grávida – são santos amigos dos lavradores, favorecendo-os ao mesmo tempo que aos amorosos (p.328 – repetida no tema *Cristianismo*).

~

O São João é no Brasil, além de festa afrodisíaca, a festa agrícola por excelência. A festa do milho, cujos produtos culinários – a canjica, a pamonha, o bolo – enchem as mesas patriarcais para as vastas comezainas da meia-noite (p.329 – repetida no tema *Cristianismo*).

~

As sobrevivências pagãs no cristianismo português desempenharam assim papel importante na política imperialista. As sobrevivências pagãs e as tendências para a poligamia desenvolvidas ao contato quente e voluptuoso com os mouros (p.330 – repetida no tema *Cristianismo*).

~

Na culinária colonial brasileira surpreendem-se estímulos ao amor e à fecundidade. Mesmo nos nomes de doces e bolos de convento, fabricados por mãos seráficas, de freiras, sente-se às vezes a intenção afrodisíaca, o toque fescenino a confundir-se com o místico: suspiros de freira, toucinho do céu, barriga de freira, manjar do céu, papos de anjo. (...) Beijinhos, desmamados, levanta-velho, língua de moça, casadinhos, mimos de amor. Não há quem não possa acrescentar à lista outros nomes, igualmente sugestivos, de bolos e gulodices (p.330 – repetida nos temas *Cristianismo* e *Alimentação*).

~

E é curioso o fato de chamar-se "dinheiro para comprar bolo" o que dão certos pais brasileiros aos filhos rapazes, em idade, segundo eles, de "conhecer mulher". De conhecer outro bolo, sem ser o de goma ou de milho. Sabe-se aliás da íntima relação entre a libido e os prazeres do paladar (p.330-331 – repetida no tema *Alimentação*).

~

Eram os bolos e doces [com toques fesceninos e místicos] porque suspiravam os freiráticos à portaria dos conventos. Não podendo entregar-se em carne a todos os seus adoradores, muitas freiras davam-se a eles nos bolos e caramelos. Estes adquiriam uma espécie de simbolismo sexual (p.330 – repetida nos temas *Cristianismo* e *Alimentação*).

~

A escassez de mulheres brancas criou zonas de confraternização entre vencedores e vencidos, entre senhores e escravos. Sem deixarem de ser relações – as dos brancos com as mulheres de cor – de "superiores" com "inferiores" e, no maior número de casos, de senhores desabusados e sádicos com escravas passivas... (p.33 – repetida no tema *Miscigenação*).

~

Mesmo que não existisse entre a maior parte dos portugueses evidente pendor para a ligação, livre ou sob a bênção da Igreja, com as caboclas, a ela teriam sido levados pela força das circunstâncias, gostassem ou não de mulher exótica. Simplesmente porque não havia na terra quase nenhuma branca... (p.160).

~

É possível que se degredassem de propósito para o Brasil, visando ao interesse genético ou de povoamento, indivíduos que sabemos terem sido para cá expatriados por irregularidades ou excessos na sua vida sexual: por abraçar e beijar, por usar de feitiçaria para querer bem ou mal, por bestialidade, molície, alcovitice (p.83).

~

A ermos tão mal povoados, salpicados, apenas, de gente branca, convinham superexcitados sexuais que aqui exercessem uma atividade genésica acima da comum, proveitosa talvez, nos seus resultados, aos interesses políticos e econômicos de Portugal no Brasil (p.83).

~

[O] erotismo lusitano só fez encontrar ambiente propício nas condições lúbricas de colonização (p.331).

~

A transigência com o elemento nativo se impunha à política colonial portuguesa: as circunstâncias facilitaram-na. A luxúria dos indivíduos, soltos sem família, no meio da indianada nua, vinha servir a poderosas razões de Estado no sentido de rápido povoamento mestiço da nova terra (p.161).

~

O ambiente em que começou a vida brasileira foi de quase intoxicação sexual (p.161).

~

Superexcitados sexuais foram antes [os] senhores que as suas negras ou mulatas passivas. Mas nem eles: o ambiente de intoxicação sexual criou-o para todos o sistema econômico da monocultura e do trabalho escravo, em aliança secreta com o clima. O sistema econômico, porém, e seus efeitos sociais, em franca preponderância sobre a ação do clima (p.457 – repetida no tema *Prostituição doméstica da casa-grande*).

~

O europeu saltava em terra escorregando em índia nua; os próprios padres da Companhia precisavam descer com cuidado, senão atolavam o pé em carne. Muitos clérigos, dos outros, deixaram-se contaminar pela devassidão (p.161).

~

As mulheres [indígenas] eram as primeiras a se entregarem aos brancos, as mais ardentes indo esfregar-se nas pernas desses que supunham deuses. Davam-se ao europeu por um pente ou um caco de espelho (p.161).

Neste [no português] o amor foi só o físico; com gosto só de carne, dele resultando filhos que os pais cristãos pouco se importaram de educar ou de criar à moda europeia ou à sombra da Igreja. Meninos que cresceram à toa, pelo mato; alguns tão ruivos e de pele tão clara, que, descobrindo-os mais tarde a eles e a seus filhos entre o gentio, os colonos dos fins do século XVI facilmente os identificaram como descendentes de normandos e bretões (p.162).

~

(...) o que hoje se pode afirmar é a relativa fraqueza de expressões do impulso sexual no selvagem americano. Pelo menos no homem – a vida mais sedentária e regular da mulher dotando-a de uma sexualidade superior à do macho, numa desproporção que talvez explique o priapismo de muitas em face dos brancos (p.170).

~

Era natural a europeus surpreendidos por uma moral sexual tão diversa da sua concluírem pela extrema luxúria dos indígenas; entretanto, dos dois povos, o conquistador talvez fosse o mais luxurioso (p.169).

~

[Os civilizados] estão sempre prontos para o coito; os selvagens, em geral, só o praticam picados pela fome sexual. Parece que os mais primitivos tinham até época para a união de machos com fêmeas (p.171).

~

(...) os selvagens sentem necessidade de práticas saturnais ou orgiásticas para compensarem-se, pelo erotismo indireto, da dificuldade de atingirem a seco, sem o óleo afrodisíaco que é o suor das danças lascivas, ao estado de excitação e intumescência tão facilmente conseguido pelos civilizados (p.171).

~

(...) vê-se que não era de desbragamento a vida sexual entre os indígenas desta parte da América, mas ouriçada de tabus e impedimentos. Não seriam tantos nem tão agudos esses impedimentos como os que dificultam entre os europeus as relações amorosas do homem com a mulher. Davam, entretanto, para criar um estado social bem diverso do de promiscuidade ou de deboche (p.172).

～

Foram sexualidades exaltadas as dos dois povos que primeiro se encontraram nesta parte da América; o português e a mulher indígena (p.168).

～

Quanto aos pajés, é provável que fossem daquele tipo de homens efeminados ou invertidos que a maior parte dos indígenas da América antes respeitavam e temiam do que desprezavam ou abominavam. Uns, efeminados pela idade avançada, que tende a masculinizar certas mulheres e a efeminar certos homens; outros, talvez, por perversão congênita ou adquirida (p.186).

～

A verdade é que para as mãos de indivíduos bissexuais ou bissexualizados pela idade resvalaram em geral os poderes e funções de místicos, de curandeiros, pajés, conselheiros, entre várias tribos americanas (p.186).

～

Os efeminados, pelo seu prestígio através das práticas de magia sexual – atividade dominada por eles entre várias tribos – teriam sido os iniciadores da *couvade* – complexo de cultura em que são tantas as evidências do mecanismo de compensação de que se serve o invertido: o repouso, o resguardo, a dieta, a identificação do homem com a mulher (p.187).

～

Teriam os homo e os bissexuais desempenhado valiosa função criadora, lançando as bases de ciências, artes e religiões. Teriam sido os profetas, os videntes, os curandeiros, os médicos, os sacerdotes, os artistas plásticos (p.187-188).

É impossível apurar até que ponto a homomixia ocorresse na América primitiva por perversão congênita: a verdade é que entre os ameríndios se praticava a pederastia sem ser por escassez ou privação de mulher. Quando muito pela influência social da segregação ou do internato dos mancebos nas casas secretas dos homens (p.188).

~

A própria *couvade*, complexo de cultura tão característico das tribos brasílicas, talvez possa alguém arriscar-se a interpretá-la pelo critério da bissexualidade (p.186).

~

Notada entre povos que em geral respeitam, em vez de desprezar ou ridicularizar, os efeminados, e enxergam neles poderes ou virtudes extraordinárias, é possível que o costume da *couvade* se tenha originado desses diferenciados sexuais: indivíduos de forte influência e sugestão mística sobre a maioria (p.186).

~

Nem as relações sociais entre as duas raças, a conquistadora e a indígena, aguçaram-se nunca na antipatia ou no ódio cujo ranger, de tão adstringente, chega-nos aos ouvidos de todos os países de colonização anglo-saxônica e protestante. Suavizou-as aqui o óleo lúbrico da profunda miscigenação, quer a livre e danada, quer a regular e cristã sob a bênção dos padres e pelo incitamento da Igreja e do Estado (p.231 – repetida no tema *Miscigenação*).

~

Contra a ideia geral de que a lubricidade maior comunicou-a ao brasileiro o africano, parece-nos que foi precisamente este, dos três elementos que se juntaram para formar o Brasil, o mais fracamente sexual; e o mais libidinoso, o português (p.168).

~

O furor femeeiro do português se terá exercido sobre vítimas nem sempre confraternizantes no gozo... (p.113).

Nada nos autoriza a concluir ter sido o negro quem trouxe para o Brasil a pegajenta luxúria em que nos sentimos todos prender, mal atingida a adolescência (p.403).

~

[Ao] elemento branco e não à colonização negra deve-se atribuir muito da lubricidade brasileira (p.405).

~

(...) furor [o do português] de don-juan das senzalas desadorado atrás de negras e molecas (p.266 – repetida no tema *Plasticidade do português*).

~

Não convém, entretanto, esquecer-se o sadismo da mulher, quando grande senhora, sobre os escravos, principalmente sobre as mulatas; com relação a estas, por ciúme ou inveja sexual (p.114 – repetida no tema *Sadismo e masoquismo*).

~

Em outros vícios escorregava a meninice dos filhos do senhor de engenho; nos quais, um tanto por efeito do clima e muito em consequência das condições de vida criadas pelo sistema escravocrata, antecipou-se sempre a atividade sexual, através de práticas sadistas e bestiais (p.455 – repetida no tema *Sadismo e masoquismo*).

~

As primeiras vítimas eram os moleques e animais domésticos; mais tarde é que vinha o grande atoleiro de carne: a negra ou a mulata. Nele é que se perdeu, como em areia gulosa, muita adolescência insaciável (p.455 – repetida nos temas *Culumins, ioiôs, moleques* e *Sadismo e masoquismo*).

~

A verdade, porém, é que nós é que fomos os sadistas; o elemento ativo na corrupção da vida de família; e moleques e mulatas o elemento passivo (p.462 – repetida nos temas *Sadismo e masoquismo* e *Prostituição doméstica da casa-grande*).

Com a vida mais descansada e mais fácil para os colonos; com o açúcar vendido em quantidade maior e por melhores preços na Europa do que nos princípios do século XVI, desenvolveu-se dos fins desse século aos começos do XVII, não tanto o luxo como desbragada luxúria entre os senhores de engenho do Brasil (p.516).

~

Pelo menos entre os negros – os puros, imunes de influência muçulmana – eram mais frequentes e ardorosas as danças eróticas que entre os ameríndios e os portugueses; e as danças eróticas parece que quanto mais frequentes e ardorosas, mais fraca sexualidade indicam (p.168).

~

Desempenhando funções de afrodisíaco, de excitante ou de estímulo à atividade sexual, tais danças correspondem à carência e não ao excesso, como a princípio pareceu a muitos e ainda parece a alguns, de lubricidade ou de libido (p.169).

~

Danças eróticas como a presenciada por Koch-Grünberg entre tribos do noroeste do Brasil – os homens mascarados, cada um armado com formidável *membrum virile*, fingindo praticar o ato sexual e espalhar esperma – parecem ter sido menos frequentes entre os ameríndios do que entre os africanos (p.169).

~

O que nos leva à conclusão de que naqueles [nos índios] a sexualidade precisasse menos de estímulo. Convém, entretanto, atentarmos no fato de que muito do ardor animal no índio nômade e guerreiro da América absorviam-no, impedindo-o de sexualizar-se, necessidades de competição: as guerras entre as tribos, as migrações, a caça, a pesca, a defesa contra animais bravios (p.169 – repetida no tema *Índio macho*).

~

É uma sexualidade, a dos negros africanos, que para excitar-se necessita de estímulos picantes. Danças afrodisíacas. Culto fálico. Orgias (p.398).

Através da submissão do moleque, seu companheiro de brinquedos e expressivamente chamado *leva-pancadas,* iniciou-se muitas vezes o menino branco no amor físico (p.113 – repetida no tema *Culumins, ioiôs, moleques*).

～

(...) também na zona sertaneja do Brasil – zona livre da influência direta da escravidão, da negra, da mulata – o menino é um antecipado sexual. Cedo se entrega ao abuso de animais. A melancia e o mandacaru fazem parte da etnografia do vício sexual sertanejo (p.459).

～

Nessa instituição social – a escravidão – é que encontramos na verdade o grande excitante de sensualidade entre os portugueses, como mais tarde entre os brasileiros (p.332 – repetida nos temas *Ação deletéria da escravidão* e *Prostituição doméstica da casa-grande*).

～

Não há escravidão sem depravação sexual. É da essência mesma do regime (p.399 – repetida nos temas *Ação deletéria da escravidão* e *Prostituição doméstica da casa-grande*).

～

Joaquim Nabuco colheu num manifesto escravocrata de fazendeiros as seguintes palavras, tão ricas de significação: "a parte mais produtiva da propriedade escrava é o ventre gerador" (p.399 – repetida nos temas *Ação deletéria da escravidão* e *Prostituição doméstica da casa-grande*).

～

Dentro [da] atmosfera moral, criada pelo interesse econômico dos senhores, como esperar que a escravidão – fosse o escravo mouro, negro, índio ou malaio – atuasse senão no sentido da dissolução, da libidinagem, da luxúria? O que se queria era que os ventres das mulheres gerassem. Que as negras produzissem moleques (p.399 – repetida nos temas *Ação deletéria da escravidão* e *Prostituição doméstica da casa-grande*).

[A] animalidade nos negros, essa falta de freio aos instintos, essa desbragada prostituição dentro de casa, animavam-na os senhores brancos. No interesse da procriação à grande, uns; para satisfazerem caprichos sensuais, outros (p.402 – repetida nos temas *Ação deletéria da escravidão* e *Prostituição doméstica da casa-grande*).

~

Não era o negro, portanto, o libertino: mas o escravo a serviço do interesse econômico e da ociosidade voluptuosa dos senhores. Não era a "raça inferior" a fonte de corrupção, mas o abuso de uma raça por outra. Abuso que implicava em conformar-se a servil com os apetites da todo-poderosa (p.402 – repetida nos temas *Ação deletéria da escravidão* e *Prostituição doméstica da casa-grande*).

~

Passa por ser defeito da raça africana, comunicado ao brasileiro, o erotismo, a luxúria, a depravação sexual. Mas o que se tem apurado entre os povos negros da África, como entre os primitivos em geral (...) é maior moderação do apetite sexual que entre os europeus (p.398 – repetida no tema *Ação deletéria da escravidão*).

~

Não se pode atribuir ao regime de trabalho escravo, por si, toda a dissolução moral da sociedade portuguesa salientada pelos viajantes estrangeiros depois do século XV. Nem a devassidão era só portuguesa, mas ibérica, embora acentuando-se em traços mais grossos entre os portugueses (p.333 – repetida no tema *Prostituição doméstica da casa-grande*).

~

(...) no civilizado o apetite sexual de ordinário se excita sem grandes provocações. Sem esforço (p.398 – repetida no tema *Prostituição doméstica da casa-grande*).

~

No caso do brasileiro, desde menino tão guloso de mulher, atuaram, ainda com mais força, influências de caráter social contrárias à continência, ao ascetismo, à monogamia. Entre nós o clima tropical terá indiretamente contribuído para a superexcitação sexual de meninos e adolescentes; para a sua antecipação, tantas vezes mórbida, no exercício de funções sexuais e conjugais. Menos, porém, que as influências puramente sociais (p.334 – repetida no tema *Prostituição doméstica da casa-grande*).

～

Não é ponto sobre o qual se possa sentenciar, esse do clima tropical antecipar por influência sua, direta, a vida sexual. Há quem desloque o fato para a questão de raça e até para a social, de classe e ambiente. Que nos adventícios o clima superexcite os órgãos sexuais e antecipe nas mulheres a menstruação parece fora de dúvida. Que continue a excitá-los nos indivíduos já aclimatados, é ponto dúbio (p.334).

～

O clima quente pode ter contribuído para a maior lubricidade e a maior languidez do brasileiro; mais não as criou ou produziu (p.519 – repetida no tema *Indolência*).

～

A precoce voluptuosidade, a fome de mulher que aos treze ou quatorze anos faz de todo brasileiro um don-juan não vem do contágio ou do sangue da "raça inferior" mas do sistema econômico e social da nossa formação; e um pouco, talvez, do clima; do ar mole, grosso, morno, que cedo nos parece predispor aos chamegos do amor e ao mesmo tempo nos afastar de todo esforço persistente (p.403 – repetida nos temas *Prostituição doméstica da casa-grande* e *Ação deletéria da escravidão*).

～

Impossível negar-se a ação do clima sobre a moral sexual das sociedades. Sem ser preponderante, dá entretanto para acentuar ou enfraquecer tendências; endurecer ou amolecer traços sociais (p.403).

～

Nada, entretanto, de desviar-se para o fator clima a massa enorme de responsabilidades que, bem apuradas, tocam a forças sociais e econômicas dentro das quais se têm articulado culturas, organizações, tipos de sociedade (p.404).

Ninguém nega que a negra ou a mulata tenha contribuído para a precoce depravação do menino branco da classe senhoril; mas não por si, nem como expressão de sua raça ou do seu meio-sangue: como parte de um sistema de economia e de família: o patriarcal brasileiro (p.457 – repetida nos temas *Prostituição doméstica da casa-grande* e *Ação deletéria da escravidão*).

~

Mas o grosso da prostituição, formaram-no as negras, exploradas pelos brancos. Foram os corpos das negras – às vezes meninas de dez anos – que constituíram, na arquitetura moral do patriarcalismo brasileiro, o bloco formidável que defendeu dos ataques e afoitezas dos don-juans a virtude das senhoras brancas (p.538 – repetida nos temas *Ação deletéria da escravidão* e *Prostituição doméstica da casa-grande*).

~

(...) a virtude da senhora branca apoia-se em grande parte na prostituição da escrava negra (p.538 – repetida nos temas *Ação deletéria da escravidão* e *Prostituição doméstica da casa-grande*).

~

(...) somos forçados a concluir (...) que muita [da] castidade e [da] pureza [das senhoras brasileiras do tempo da escravidão] manteve-se à custa da prostituição da escrava negra; à custa da tão caluniada mulata; à custa da promiscuidade e da lassidão estimulada nas senzalas pelos próprios senhores brancos (p.539 – repetida nos temas *Ação deletéria da escravidão* e *Prostituição doméstica da casa-grande*).

~

Daí fazer-se da negra ou mulata a responsável pela antecipação de vida erótica e pelo desbragamento sexual do rapaz brasileiro. Com a mesma lógica poderiam responsabilizar-se os animais domésticos; a bananeira; a melancia; a fruta do mandacaru com o seu visgo e a sua adstringência quase de carne (p.455 – repetida no tema *Prostituição doméstica da casa-grande*).

Não seria extravagância nenhuma concluir (...) que os pais, dominados pelo interesse econômico de senhores de escravos, viram sempre com olhos indulgentes e até simpáticos a antecipação dos filhos nas funções genésicas: facilitavam-lhes mesmo a precocidade de garanhões (p.455 – repetida no tema *Prostituição doméstica da casa-grande*).

∿

O que sempre se apreciou [no sistema patriarcal] foi o menino que cedo estivesse metido com raparigas. Raparigueiro, como ainda hoje se diz. Femeeiro. Deflorador de mocinhas. E que não tardasse em emprenhar negras, aumentando o rebanho e o capital paternos (p.456 – repetida no tema *Prostituição doméstica da casa-grande*).

∿

Se este foi sempre o ponto de vista da casa-grande [a precocidade sexual do menino], como responsabilizar-se a negra da senzala pela depravação precoce do menino nos tempos patriarcais? O que a negra da senzala fez foi facilitar a depravação com sua docilidade de escrava; abrindo as pernas ao primeiro desejo do sinhô-moço. Desejo, não: ordem (p.456 – repetida nos temas *Prostituição doméstica da casa-grande* e *Ação deletéria da escravidão*).

∿

Quanto à menstruação ocorrer mais cedo nos trópicos, as estatísticas nos surpreendem com o fato de também entre esquimós a puberdade ser precocemente atingida. Daí o critério de raça que alguns pretendem aplicar ao assunto, de preferência ao de clima. Mas a despeito de tão importante exceção, a tendência geral, registrada pelas estatísticas, é efetivamente no sentido da menstruação verificar-se mais cedo nos trópicos que nos países de clima frio ou temperado (p.334).

∿

Nenhuma casa-grande do tempo da escravidão quis para si a glória de conservar filhos maricas ou donzelões (p.456 – repetida no tema *Prostituição doméstica da casa-grande*).

∿

Talvez em nenhum país católico tenham até hoje os filhos ilegítimos, particularmente os de padre, recebido tratamento tão doce; ou crescido, em circunstâncias tão favoráveis (p.531 – repetida nos temas *Cristianismo* e *Prostituição doméstica da casa-grande*).

~

No século XVI, com exceção dos jesuítas – donzelões intransigentes – padres e frades de ordens mais relassas em grande número se amancebaram com índias e negras... (p.531-532 – repetida nos temas *Cristianismo* e *Prostituição doméstica da casa-grande*).

~

Através dos séculos XVII e XVIII e grande parte do XIX continuou o livre arregaçar de batinas para o desempenho de funções quase patriarcais, quando não para excessos de libertinagem com negras e mulatas (p.532 – repetida nos temas *Cristianismo* e *Prostituição doméstica da casa-grande*).

~

(...) à formação brasileira não faltou o concurso genético de um elemento superior, recrutado entre as melhores famílias e capaz de transmitir à prole as maiores vantagens do ponto de vista eugênico e de herança social. Daí o fato de tanta família ilustre no Brasil fundada por padre ou cruzada com sacerdote; o fato de tanto filho e neto de padre, notável nas letras, na política, na jurisprudência, na administração (p.533 – repetida nos temas *Cristianismo* e *Prostituição doméstica da casa-grande*).

~

Raros, entre nós, os eclesiásticos que se conservaram estéreis; e grande número contribuiu liberalmente para o aumento da população, reproduzindo-se em filhos e netos de qualidades superiores (p.534 – repetida nos temas *Cristianismo* e *Prostituição doméstica da casa-grande*).

~

São numerosos os casos de brasileiros notáveis, filhos ou netos de padre (p.534 – repetida nos temas *Cristianismo* e *Prostituição doméstica da casa-grande*).

Não é sem razão que a imaginação popular costuma atribuir aos filhos de padre sorte excepcional na vida. (...) "Feliz que nem filho de padre", é comum ouvir-se no Brasil (p.535-536 – repetida nos temas *Cristianismo* e *Prostituição doméstica da casa-grande*).

~

No senhor branco o corpo quase que se tornou exclusivamente o *membrum virile*. Mãos de mulher; pés de menino; só o sexo arrogantemente viril (p.518 – repetida nos temas *Indolência* e *Prostituição doméstica da casa-grande*).

~

Cada branco de casa-grande ficou com duas mãos esquerdas, cada negro com duas mãos direitas. As mãos do senhor só servindo para desfiar o rosário no terço da Virgem; para pegar as cartas de jogar; para tirar rapé das bocetas ou dos corrimboques; para agradar, apalpar, amolegar os peitos das negrinhas, das mulatas, das escravas bonitas dos seus haréns (p.518 – repetida nos temas *Indolência* e *Prostituição doméstica da casa-grande*).

~

O intercurso sexual de brancos dos melhores estoques – inclusive eclesiásticos, sem dúvida nenhuma, dos elementos mais seletos e eugênicos na formação brasileira – com escravas negras e mulatas foi formidável. Resultou daí grossa multidão de filhos ilegítimos – mulatinhos criados muitas vezes com a prole legítima, dentro do liberal patriarcalismo das casas-grandes; outros à sombra dos engenhos de frades; ou então nas "rodas" e orfanatos (p.531 – repetida nos temas *Culumins, ioiôs, moleques* e *Prostituição doméstica da casa-grande*).

~

Vícios de educação que explicam melhor que o clima, e incomparavelmente melhor que os duvidosos efeitos da miscigenação sobre o sistema do mestiço, a precoce iniciação do menino brasileiro na vida erótica. Não negamos de todo a ação do clima... (p.459 – repetida no temas *Culumins, ioiôs, moleques* e *Educação patriarcal*).

Outro aspecto da obsessão que se tornou em Portugal o problema do amor físico surpreende-se no fato de não haver, talvez, nenhum país onde a anedota fescenina ou obscena tenha maiores apreciadores. Nem em nenhuma língua os palavrões ostentam tamanha opulência. Os palavrões e os gestos (p.331 – repetida no tema *Linguagem*).

~

A maior delícia do brasileiro é conversar safadeza. Histórias de frades com freiras. De portugueses com negras. De ingleses impotentes (p.331 – repetida no tema *Linguagem*).

~

Tanto o excesso de mimo de mulher na criação dos meninos e até dos mulatinhos, como o extremo oposto – a liberdade para os meninos brancos cedo vadiarem com os moleques safados na bagaceira, deflorarem negrinhas, emprenharem escravas, abusarem de animais – constituíram vícios de educação, talvez inseparáveis do regime de economia escravocrata, dentro do qual se formou o Brasil (p.459 – repetida nos temas *Culumins, ioiôs, moleques* e *Educação patriarcal*).

~

Pouco depois [da] idade [doze ou treze anos] já o menino era donzelão. Ridicularizado por não conhecer mulher e levado na troça por não ter marca de sífilis no corpo (p.109 – repetida no tema *Doenças em tempos patriarcais*).

~

O intercurso sexual entre o conquistador europeu e a mulher índia não foi apenas perturbado pela sífilis e por doenças europeias de fácil contágio venéreo: verificou-se – o que depois se tornaria extensivo às relações dos senhores com as escravas negras – em circunstâncias desfavoráveis à mulher (p.113 – repetida no tema *Doenças em tempos patriarcais*).

~

Nossos avós e bisavós patriarcais, quase sempre grandes procriadores, às vezes terríveis sátiros de patuá de Nossa Senhora sobre o peito cabeludo, machos insaciáveis colhendo do casamento com meninas todo um estranho sabor sensual, raramente tiveram a felicidade de se fazerem acompanhar da mesma esposa até a velhice. Eram elas que, apesar de mais moças, iam morrendo; e eles casando com irmãs mais novas ou primas da primeira mulher. Quase uns barbas-azuis (p.443).

(...) tudo concorrendo para o maior ócio dos senhores; e para sua maior libertinagem. Ócio que a tal ponto se desenvolveu, nas zonas dominadas pelos engenhos de cana, que doutores moralistas da época chegaram a associá-lo ao muito consumo do açúcar (p.517 – repetida no tema *Prostituição doméstica da casa-grande*).

(...) podemos nos arriscar a concluir que dentro de um regime como o da monocultura escravocrata, com uma maioria que trabalha e uma minoria que só faz mandar, nesta, pelo relativo ócio, se desenvolverá, necessariamente, mais do que naquela, a preocupação, a mania, ou o refinamento erótico. É o exemplo da Índia, onde o amor é tanto mais fina, artística e até perversamente cultivado quanto mais elevada é a casta e maior o seu lazer (p.403).

Doenças em tempos patriarcais

O que barrava então o imigrante era a heterodoxia; a mancha de herege na alma e não a mongólica no corpo. Do que se fazia questão era da saúde religiosa: a sífilis, a bouba, a bexiga, a lepra entraram livremente trazidas por europeus e negros de várias procedências (p.91 – repetida no tema *Cristianismo*).

~

Várias foram as doenças que afligiram a criança brasileira no tempo da escravidão. Mal dos sete dias (inflamação do umbigo). Tinha. Sarna. Impingem. Crostas leitosas. Sarampo. Bexiga. Lombrigas. Doenças que se combateram a clisteres, purgantes, bichas, medicação evacuante, sangrias, vomitórios, sinapismos. É provável que alguns remédios e preventivos se tenham antecipado às doenças, levando muito anjinho para o céu (p.450-451).

~

(...) surpreendeu aos primeiros portugueses e franceses chegados nesta parte da América um povo ao que parece sem mancha de sífilis na pele; e cuja maior delícia era o banho de rio. (p.182 – repetida completa e acrescida no tema *Higiene*).

~

Mas no ambiente voluptuoso das casas-grandes, cheias de crias, negrinhas, molecas, mucamas, é que as doenças venéreas se propagaram mais à vontade, através da prostituição doméstica – sempre menos higiênica que a dos bordéis (p.398-399 – repetida no tema *Prostituição doméstica da casa-grande*).

~

[A sífilis] foi a doença por excelência das casas-grandes e das senzalas. A que o filho do senhor de engenho contraía quase brincando entre negras e mulatas ao desvirginar-se precocemente aos doze ou aos treze anos (p.109).

∾

Pouco depois [da] idade [doze ou treze anos] já o menino era donzelão. Ridicularizado por não conhecer mulher e levado na troça por não ter marca de sífilis no corpo (p.109 – repetida no tema *Sexualidade*).

∾

À vantagem da miscigenação correspondeu no Brasil a desvantagem tremenda da sifilização. Começaram juntas, uma a formar o brasileiro – talvez o tipo ideal do homem moderno para os trópicos, europeu com sangue negro ou índio a avivar-lhe a energia; outra, a deformá-lo (p.110 – repetida no tema *Miscigenação*).

∾

Daí certa confusão de responsabilidades; atribuindo muitos à miscigenação o que tem sido obra principalmente da sifilização... (p.110 – repetida no tema *Miscigenação*).

∾

De todas as influências sociais talvez a sífilis tenha sido, depois da má nutrição, a mais deformadora da plástica e a mais depauperadora da energia econômica do mestiço brasileiro (p.110).

∾

Costuma dizer-se que a civilização e a sifilização andam juntas: o Brasil, entretanto, parece *ter-se sifilizado antes de se haver civilizado* (p.110 – grifo nosso).

∾

Os primeiros europeus aqui chegados desapareceram na massa indígena quase sem deixar sobre ela outro traço europeizante além das manchas de mestiçagem e de sífilis. Não civilizaram... (p.110 – repetida no tema *Miscigenação*).

Mas é preciso notar que o negro se sifilizou no Brasil. Um ou outro viria já contaminado. A contaminação em massa verificou-se nas senzalas coloniais (p.399).

～

A "raça inferior", a que se atribui tudo que é *handicap* no brasileiro, adquiriu da "superior" o grande mal venéreo [a sífilis] que desde os primeiros tempos de colonização nos degrada e diminui (p.399).

～

Foram os senhores das casas-grandes que contaminaram de lues as negras das senzalas. Negras tantas vezes entregues virgens, ainda mulecas de doze e treze anos, a rapazes brancos já podres da sífilis das cidades (p.399-400).

～

(...) por muito tempo dominou no Brasil a crença de que para o sifilítico não há melhor depurativo que uma negrinha virgem (p.400).

～

É igualmente de supor que muita mãe negra, ama de leite, tenha sido contaminada pelo menino de peito, alastrando-se também por esse meio, da casa-grande à senzala, a mancha da sífilis (p.400).

～

É claro que, sifilizadas – muitas vezes ainda impúberes – pelos brancos seus senhores, as escravas tornaram-se, por sua vez, depois de mulheres-feitas, grandes transmissoras de doenças venéreas entre brancos e pretos. O que explica ter se alagado de gonorreia e de sífilis a nossa sociedade do tempo da escravidão (p.400).

～

A sífilis fez sempre o que quis no Brasil patriarcal. Matou, cegou, deformou à vontade. Fez abortar mulheres. Levou anjinhos para o céu. Uma serpente criada dentro de casa sem ninguém fazer caso de seu veneno. O sangue envenenado rebentava em feridas. Coçavam-se então as perebas ou "cabidelas", tomavam-se garrafadas, chupava-se caju (p.401).

O intercurso sexual entre o conquistador europeu e a mulher índia não foi apenas perturbado pela sífilis e por doenças europeias de fácil contágio venéreo: verificou-se – o que depois se tornaria extensivo às relações dos senhores com as escravas negras – em circunstâncias desfavoráveis à mulher (p.113 – repetida no tema *Sexualidade*).

∾

Doença [a sífilis] como que doméstica, de família, como o sarampo e os vermes (p.401).

∾

Em princípios do século XVIII já o Brasil é assinalado em livros estrangeiros como terra da sífilis por excelência (p.402).

∾

A sifilização do Brasil resultou, ao que parece, dos primeiros encontros, alguns fortuitos, de praia, de europeus com índias. Não só de portugueses como de franceses e espanhóis. Mas principalmente de portugueses e franceses (p.111).

∾

É de presumir que os aventureiros franceses que comerciavam com os nossos indígenas estivessem também infectados e que tenham sido os introdutores e primeiros propagadores dessa doença entre eles (p.111-112).

∾

Menos infectados não deviam estar os portugueses, gente ainda mais móvel e sensual que os franceses (p.112).

∾

A sifilização do Brasil – admitida sua origem extra-americana (...) data dos princípios do século XVI (p.401).

∾

Doenças africanas seguiram-nos até o Brasil, devastando-os nas senzalas. As boubas e talvez o pião, entre outras. E comunicando-se às vezes aos brancos das casas-grandes. A África também tomou vingança dos maus-tratos recebidos da Europa (p.553).

Medicina colonial

(...) teve [o português] o bom-senso de não desprezar de todo os curandeiros indígenas pela medicina oficial do reino, apesar dos jesuítas declararem àqueles guerra de morte (p.335).

❀

Seria longa a lista de plantas e ervas medicinais de conhecimento e uso dos índios: delas mais teria aproveitado a cultura brasileira, se melhores tivessem sido as relações entre os primeiros missionários e os pajés e curandeiros indígenas (p.196 – repetida no tema *Alimentação*).

❀

A arte de sangrar, exerceram-na no Brasil colonial e do tempo do Império escravos africanos, que foram também barbeiros e dentistas; e o mister de parteiras, exerceram-no ao lado de brancas e caboclas boçais, negras nas mesmas condições; todas apelidadas *comadres*. *Comadres* que, além de partejarem, curavam doenças ginecológicas por meio de bruxedos, rezas, benzeduras (p.446).

❀

A ignorância das mães brasileiras de outrora – meninas inexperientes – não encontrava nas *comadres* o corretivo necessário. Nada porém nos autoriza a concluir que as *comadres* e os curandeiros africanos dos tempos coloniais excedessem à medicina oficial, isto é, europeia, dos séculos XVI, XVII e XVIII, em porcaria ou simulação (p.446).

❀

No Brasil colonial parece-nos justo concluir terem médicos, *comadres*, curandeiros e escravos sangradores contribuído quase por igual para a grande mortalidade, principalmente infantil e das mães, que por épocas sucessivas reduziu quase 50% a produção humana nas casas-grandes e nas senzalas (p.447-448).

CRISTIANISMO

(...) o Catolicismo foi realmente o cimento da nossa unidade (p.92).

~

A arquitetura jesuítica e de igreja foi (...) a expressão mais alta e erudita de arquitetura no Brasil colonial. Influenciou certamente a da casa-grande. Esta, porém, seguindo seu próprio ritmo, seu sentido patriarcal, e experimentando maior necessidade que a puramente eclesiástica de adaptar-se ao meio, individualizou-se e criou tamanha importância que acabou dominando a arquitetura de convento e de igreja. Quebrando-lhe o roço jesuítico, a verticalidade espanhola para achatá-la doce, humilde, subserviente em capela de engenho (p.37 – repetida no tema *Arquitetura da casa-grande*).

~

No Brasil, a catedral ou a igreja mais poderosa que o próprio rei seria substituída pela casa-grande de engenho (p.271 – repetida no tema *Arquitetura da casa-grande*).

~

Mas a igreja que age na formação brasileira, articulando-a, não é a catedral com o seu bispo a que se vão queixar os desenganados da justiça secular. (...) É a capela de engenho (p.271).

~

Os jesuítas sentiram, desde o início, nos senhores de engenho, seus grandes e terríveis rivais. Os outros clérigos e até mesmo frades acomodaram-se, gordos e moles, às funções de capelães, de padres-mestres, de tios-padres, de padrinhos de meninos; à confortável situação de pessoas da família, de gente de casa, de aliados e aderentes do sistema patriarcal... (p.272 – repetida no tema *Triângulo da dominação: monocultura, aristocratismo, latifúndio*).

Pode-se dizer que o entusiasmo religioso foi o primeiro a inflamar-se no Brasil diante de possibilidades só depois entrevistas pelo interesse econômico (p.322).

~

O Brasil formou-se, despreocupados os seus colonizadores da unidade ou pureza de raça. Durante quase todo o século XVI a colônia esteve escancarada a estrangeiros, só importando às autoridades coloniais que fossem de fé ou religião Católica (p.91 – repetida no tema *Miscigenação*).

~

Formou-se na América tropical uma sociedade agrária na estrutura, escravocrata na técnica de exploração econômica, híbrida de índio – e mais tarde de negro – na composição. Sociedade que se desenvolveria defendida menos pela consciência de raça, quase nenhuma no português cosmopolita e plástico, do que pelo exclusivismo religioso desdobrado em sistema de profilaxia social e política (p.65 – repetida no tema *Sociedades híbridas*).

~

Na falta de sentimento ou da consciência da superioridade da raça, (...) o colonizador do Brasil apoiou-se no critério da pureza da fé. Em vez de ser o sangue foi a fé que se defendeu a todo transe da infecção ou contaminação com os hereges (p.272).

~

Através de certas épocas coloniais observou-se a prática de ir um frade a bordo de todo navio que chegasse a porto brasileiro, a fim de examinar a consciência, a fé, a religião do adventício (p.91).

~

O que barrava então o imigrante era a heterodoxia; a mancha de herege na alma e não a mongólica no corpo. Do que se fazia questão era da saúde religiosa: a sífilis, a bouba, a bexiga, a lepra entraram livremente trazidas por europeus e negros de várias procedências (p.91 – repetida no tema *Doenças em tempos patriarcais*).

O perigo não estava no estrangeiro nem no indivíduo disgênico ou cacogênico, mas no herege. Soubesse rezar o padre-nosso e a ave-maria, dizer Creio em Deus Padre, fazer o pelo-sinal-da-Santa-Cruz – e o estranho era bem-vindo no Brasil colonial (p.91).

~

Temia-se no adventício acatólico o inimigo político capaz de quebrar ou de enfraquecer aquela solidariedade que em Portugal se desenvolvera junto com a religião católica (p.91).

~

Repetiu-se na América, entre portugueses disseminados por um território vasto, o mesmo processo de unificação que na Península: cristãos contra infiéis (p.269).

~

Nossas guerras contra os índios nunca foram guerras de branco contra peles-vermelhas, mas de cristãos contra bugres (p.269).

~

Seu ódio [do colonizador português] é profilático. Contra o pecado e não contra o pecador... (p.269).

~

É o pecado, a heresia, a infidelidade que não se deixa entrar na colônia, e não o estrangeiro. É o infiel que se trata como inimigo no indígena, e não o indivíduo de raça diversa ou de cor diferente (p.269).

~

A nenhum inglês nem flamengo o fato, em si, da nacionalidade ou da raça, impediu que fosse admitido na sociedade colonial portuguesa da América no século XVI. O que era preciso é que fosse católico-romano ou aqui se desinfetasse com água-benta da heresia pestífera. Que se batizasse. Que professasse a fé católica, apostólica, romana (p.277).

~

A Igreja era uma espécie de desinfetório ao serviço da saúde moral da colônia; um lazareto onde as almas ficavam em quarentena (p.277).

Não chega a haver clericalismo no Brasil. Esboçou-se os dos padres da Companhia para esvair-se logo, vencido pelo oligarquismo e pelo nepotismo dos grandes senhores de terras e escravos (p.271).

~

Um catolicismo ascético, ortodoxo, entravando a liberdade aos sentidos e aos instintos de geração teria impedido Portugal de abarcar meio mundo com as pernas (p.330).

~

As sobrevivências pagãs no cristianismo português desempenharam assim papel importante na política imperialista. As sobrevivências pagãs e as tendências para a poligamia desenvolvidas ao contato quente e voluptuoso com os mouros (p.330 – repetida no tema *Sexualidade*).

~

Forçosamente o catolicismo no Brasil haveria de impregnar-se dessa influência maometana como se impregnou da animista e fetichista, dos indígenas e dos negros menos cultos (p.394 – repetida no tema *Influência moura*).

~

E é possível que certa predisposição de negros e mestiços para o protestantismo, inimigo da missa, dos santos, dos rosários com a cruz, se explique pela persistência de remotos preconceitos anticatólicos, de origem maometana (p.394 – repetida no tema *Influência moura*).

~

O catolicismo das casas-grandes aqui se enriqueceu de influências muçulmanas contra as quais tão impotente foi o padre-capelão quanto o padre-mestre contra as corrupções do português pelos dialetos indígenas e africanos (p.395 – repetida no tema *Influência moura*).

~

O azulejo quase se transformou, para os cristãos, em tapete decorativo de que o hagiológio tirou o melhor partido na decoração piedosa das capelas, dos claustros e das residências. Guardou, porém, pela própria natureza do seu material, as qualidades higiênicas, caracteristicamente árabes e mouriscas, de frescura, lustro fácil e limpeza (p.300 – repetida nos temas *Influência moura* e *Higiene*).

~

Os azulejos, de desenhos assexuais entre os maometanos, animaram-se de formas quase afrodisíacas nos claustros dos conventos e nos rodapés das sacristias. De figuras nuas. De meninozinhos-Deus em que as freiras adoraram muitas vezes o deus pagão do amor de preferência ao Nazareno triste e cheio de feridas que morreu na cruz (p.302 – repetida nos temas *Influência moura* e *Sexualidade*).

~

Na culinária colonial brasileira surpreendem-se estímulos ao amor e à fecundidade. Mesmo nos nomes de doces e bolos de convento, fabricados por mãos seráficas, de freiras, sente-se às vezes a intenção afrodisíaca, o toque fescenino a confundir-se com o místico: suspiros de freira, toucinho do céu, barriga de freira, manjar do céu, papos de anjo. (...) Beijinhos, desmamados, levanta-velho, língua de moça, casadinhos, mimos de amor. Não há quem não possa acrescentar à lista outros nomes, igualmente sugestivos, de bolos e gulodices (p.330 – repetida nos temas *Sexualidade* e *Alimentação*).

~

Eram os bolos e doces [com toques fesceninos e místicos] porque suspiravam os freiráticos à portaria dos conventos. Não podendo entregar-se em carne a todos os seus adoradores, muitas freiras davam-se a eles nos bolos e caramelos. Estes adquiriam uma espécie de simbolismo sexual (p.330 – repetida nos temas *Sexualidade* e *Alimentação*).

~

O indígena do Brasil era precisamente o tipo de neófito ou catecúmeno que uma vez fisgado pelos brilhos da catequese não correspondia à ideologia jesuítica (p.214).

~

Em oposição aos interesses da sociedade colonial, queriam os padres fundar no Brasil uma santa república de "índios domesticados para Jesus" como os do Paraguai; seráficos caboclos que só obedecessem aos ministros do Senhor e só trabalhassem nas suas hortas e roçados. Nenhuma individualidade nem autonomia pessoal ou de família. Fora o cacique, todos vestidos de camisola de menino dormir como num orfanato ou num internato. O trajo dos homens igualzinho ao das mulheres e das crianças (p.85).

∾

Os jesuítas foram outros que pela influência do seu sistema uniforme de educação e de moral sobre um organismo ainda tão mole, plástico, quase sem ossos, como o da nossa sociedade colonial nos séculos XVI e XVII, contribuíram para articular como educadores o que eles próprios dispersavam como catequistas e missionários (p.90).

∾

[Os] primeiros jesuítas no Brasil quase que se envergonham, através das suas crônicas, do fato de lhes ter sido necessário exercer ofícios mecânicos. Seu gosto teria sido se dedicarem por completo a formar letrados e bachareizinhos dos índios (p.215).

∾

A melhor atenção do jesuíta no Brasil fixou-se vantajosamente no menino indígena. Vantajosamente sob o ponto de vista, que dominava o padre da S. J., de dissolver no selvagem, o mais breve possível, tudo o que fosse valor nativo em conflito sério com a teologia e com a moral da Igreja (p.218 – repetida no tema *Culumins, ioiôs, moleques*).

∾

O culumim, o padre ia arrancá-lo verde à vida selvagem: com dentes apenas de leite para morder a mão intrusa do civilizador; ainda indefinido na moral e vago nas tendências. Foi, pode-se dizer, o eixo da atividade missionária: dele o jesuíta fez o homem artificial que quis (p.218 – repetida no tema *Culumins, ioiôs, moleques*).

∾

O processo civilizador dos jesuítas consistiu principalmente nesta inversão: no filho educar o pai; no menino servir de exemplo ao homem; na criança trazer ao caminho do Senhor e dos europeus a gente grande (p.218 – repetida no tema *Culumins, ioiôs, moleques*).

O culumim tornou-se o cúmplice do invasor na obra de tirar à cultura nativa osso por osso, para melhor assimilação da parte mole aos padrões de moral católica e de vida europeia; tornou-se o inimigo dos pais, dos pajés, dos maracás sagrados, das sociedades secretas (p.218 – repetida no tema *Culumins, ioiôs, moleques*).

~

De música inundou-se a vida dos catecúmenos. Os culumins acordavam de manhã cedo cantando. Bendizendo os nomes de Jesus e da Virgem Maria. (...) E todos juntos em grave latim de igreja (p.222 – repetida no tema *Culumins, ioiôs, moleques*).

~

A poesia e a música brasileiras surgiram [do] conluio de culumins e padres (p.222 – repetida no tema *Culumins, ioiôs, moleques*).

~

Os jesuítas conservaram danças indígenas de meninos, fazendo entrar nelas uma figura cômica de diabo, evidentemente com o fim de desprestigiar pelo ridículo o complexo Jurupari (p.200 – repetida no tema *Medos, superstições, bruxarias*).

~

Desprestigiados o Jurupari, as máscaras e os maracás sagrados, estava destruído entre os índios um dos seus meios mais fortes de controle social: e vitorioso, até certo ponto, o cristianismo (p.200 – repetida no tema *Medos, superstições, bruxarias*).

~

O diabo do sistema católico veio juntar-se ao complexo Jurupari ou mesmo absorvê-lo (p.211 – repetida no tema *Medos, superstições, bruxarias*).

~

Os jesuítas não só foram grandes escritores de cartas – muitas delas tocando em detalhes íntimos da vida social dos colonos – como procuraram desenvolver nos caboclos e mamelucos, seus alunos, o gosto epistolar (p.48).

Longe dos padres quererem a destruição da raça indígena: queriam era vê-la aos pés do Senhor, domesticada para Jesus (p.218).

~

Quiseram, entretanto, os jesuítas ir além e em um ambiente de estufa – o dos colégios no século XVI ou das missões guaranis – fazer dos indígenas figuras postiças, desligadas não já das tradições morais da cultura nativa mas do próprio meio colonial e das realidades e possibilidades sociais e econômicas desse meio. Foi onde o esforço educativo e civilizador dos jesuítas artificializou-se, não resistindo mais tarde seu sistema de organização dos índios em "aldeia" ou "missões" aos golpes da violenta política antijesuítica do marquês de Pombal (p.218-219).

~

Mesmo realizada artificialmente, a civilização dos indígenas do Brasil foi obra quase exclusiva dos padres da Companhia; resultado de esforço seu a cristianização, embora superficial e pela crosta, de grande número de caboclos (p.219).

~

Desde logo, e pela pressão do formidável imperialismo religioso do missionário jesuíta, pela sua tendência para uniformizar e estandardizar valores morais e materiais, o tupi-guarani aproximou entre si tribos e povos indígenas, diversos e distantes em cultura, e até inimigos de guerra, para, em seguida, aproximá-los todos do colonizador europeu (p.219 – repetida no tema *Linguagem*).

~

Entre os primeiros jesuítas do Brasil parece que só o padre Leonardo trouxera do século o ofício de ferreiro; quase todos os outros, puros acadêmicos ou doutores da espécie que São Francisco de Assis tanto temia, precisaram de improvisar-se em carpinteiros ou sangradores. Mas sem gosto nem entusiasmo pelo trabalho manual ou artístico, antes desculpando-se dele pela alegação de imprescindível nas rudes circunstâncias da catequese (p.216).

Estavam os padres da S.J. em toda a parte; moviam-se de um extremo ao outro do vasto território colonial; estabeleciam permanente contato entre os focos esporádicos de colonização, através da "língua--geral", entre os vários grupos de aborígines (p.90).

∾

Sua mobilidade [dos jesuítas], como a dos paulistas, se por um lado chegou a ser perigosamente dispersiva, por outro lado foi salutar e construtora, tendendo para [o] "unionismo"... (p.90).

∾

O (...) sistema jesuítico [representou] – talvez a mais eficiente força de europeização técnica e de cultura moral e intelectual, a agir sobre as populações indígenas... (p.115).

∾

O missionário tem sido o grande destruidor de culturas não europeias, do século XVI ao atual; sua ação mais dissolvente que a do leigo (p.178).

∾

O que se salvou dos indígenas no Brasil foi a despeito da influência jesuítica; pelo gosto dos padres não teria subsistido à conquista portuguesa senão aquela parte mole e vaga de cultura ameríndia por eles inteligentemente adaptada à teologia de Roma e à moral europeia. Nem podia ser outra a sua orientação de bons e severos soldados da Igreja... (p.178).

∾

Debaixo do ponto de vista da Igreja (...) é forçoso reconhecer terem os padres agido com heroísmo, com admirável firmeza na sua ortodoxia; com lealdade aos seus ideais... (p.179).

∾

Considerando-os, porém, sob outro critério – puros agentes europeus de desintegração de valores nativos – temos que concluir pela sua influência deletéria. Tão deletéria quanto a dos colonos, seus antagonistas, que, por interesse econômico ou sensualidade pura, só enxergavam no índio a fêmea voluptuosa a emprenhar ou o escravo indócil a subjugar e a explorar na lavoura (p.179).

~

Vê-se, entretanto, que maior, por mais sistematizada, foi a influência letal ou deletéria da moralização, do ensino e da técnica de exploração econômica empregada pelos padres (p.180).

~

Ainda assim os indígenas nesta parte do continente não foram tratados fraternal ou idilicamente pelos invasores, os mesmos jesuítas extremando-se às vezes em métodos de catequese os mais cruéis. Da boca de um deles, e logo do qual, do mais piedoso e santo de todos, José de Anchieta, é que vamos recolher estas duras palavras: "espada e vara de ferro, que é a melhor pregação" (p.217).

~

Com a segregação dos indígenas em grandes aldeias parece-nos terem os jesuítas desenvolvido no seio das populações aborígines uma das influências letais mais profundas. Era todo o ritmo de vida social que se alterava nos índios (p.179).

~

A verdade, porém, é que dominou as missões jesuíticas um critério, ora exclusivamente religioso, os padres querendo fazer dos caboclos uns dóceis e melífluos seminaristas; ora principalmente econômico de se servirem os missionários dos índios, seus aldeados, para fins mercantis; para enriquecerem, tanto quanto os colonos, na indústria e no comércio de mate, de cacau, de açúcar e de drogas (p.217).

~

É pena que posteriormente, ou por deliberada orientação missionária, ou sob a pressão irresistível das circunstâncias, os padres tivessem adotado o processo de rigorosa segregação dos indígenas em aldeias ou missões (p.224).

[Com a catequese jesuítica] Ocorreu então a dissolução de muita família cristã de caboclo pela falta de base ou apoio econômico: aumentando dentro de tais circunstâncias a mortalidade infantil (dada a miséria a que ficaram reduzidos numerosos lares cristãos, artificialmente organizados) e diminuindo a natalidade, não só pela "falta de propagação", como pelos abortos praticados, na ausência de maridos e pais, por mulheres já eivadas de escrúpulos cristãos de adultério e de virgindade (p.225 – repetida no tema *Sistema de parentesco indígena*).

∿

Era ponto, naturalmente, esse de variar marido de mulher e mulher de marido [nas sociedades indígenas], com o qual não podia transigir, nem transigia no Brasil, a moral católica: isto é, a dura, ortodoxa, representada pelos padres da Companhia (p.168).

∿

Por onde se vê que o sistema jesuítico de catequese e civilização impondo uma nova moral de família aos indígenas sem antes lançar uma permanente base econômica, fez trabalho artificial, incapaz de sobreviver ao ambiente de estufa das missões; e concorreu poderosamente para a degradação da raça que pretendeu salvar. Para o despovoamento do Brasil de sua gente autóctone (p.225 – repetida no tema *Sistema de parentesco indígena*).

∿

Mas a verdade é que, segregando os missionários aos catecúmenos da vida social, o que sucedeu foi se artificializarem estes em uma população à parte da colonial; estranha às suas necessidades, aos seus interesses e aspirações; paralisada em crianças grandes; homens e mulheres incapazes de vida autônoma e de desenvolvimento normal (p.224).

∿

Para livrar o indígena da tirania do engenho é que o missionário o segregou em aldeias. Outro processo, embora menos violento e mais sutil, de extermínio da raça indígena no Brasil: a sua preservação em salmoura, mas não já a sua vida própria e autônoma (p.229).

Um entusiasta da Ordem Seráfica poderia sustentar a tese: o missionário ideal para um povo comunista nas tendências e rebelde ao ensino intelectual como o indígena da América teria sido o franciscano. Pelo menos o franciscano em teoria; inimigo do intelectualismo; inimigo do mercantilismo; lírico na sua simplicidade; amigo das artes manuais e das pequenas indústrias; e quase animista e totemista na sua relação com a Natureza, com a vida animal e vegetal (p.215).

~

Para São Francisco dois grandes males afligiam o mundo cristão do seu tempo: a arrogância dos ricos e a arrogância dos eruditos (p.215).

~

Aos índios do Brasil parece que teria beneficiado mais a orientação do ensino missionário dos franciscanos. Estes (...) onde tiveram o encargo de missões junto a ameríndios, orientaram-nas em sentido técnico ou prático. Sentido que faltou ao esforço jesuítico no Brasil (p.215).

~

Que para os indígenas teria sido melhor o sistema franciscano que o dos jesuítas parece-nos evidente (p.216).

~

Campeões da causa dos índios, deve-se em grande parte aos jesuítas não ter sido nunca o tratamento dos nativos da América pelos portugueses tão duro nem tão pernicioso como pelos protestantes ingleses (p.217).

~

Nenhum cristianismo mais humano e mais lírico do que o português (p.302).

~

O (...) sistema jesuítico, no que logrou maior êxito no Brasil dos primeiros séculos foi na parte mística, devocional e festiva do culto católico (p.115 – repetida no tema *Sexualidade*).

(...) o cristianismo (...) já nos vinha de Portugal cheio de sobrevivências pagãs, aqui se enriquecendo de notas berrantes e sensuais para seduzir o índio (p.222 – repetida no tema *Sexualidade*).

~

Das religiões pagãs, mas também da de Maomé, conservou como nenhum outro cristianismo na Europa o gosto de carne. Cristianismo em que o Menino Deus se identificou com o próprio Cupido e a Virgem Maria e os Santos com os interesses de procriação, de geração e de amor mais do que com os de castidade e de ascetismo. Neste ponto o cristianismo português pode-se dizer que excedeu ao próprio maometanismo (p.302 – repetida nos temas *Sexualidade* e *Influência moura*).

~

No culto ao Menino Jesus, à Virgem, aos Santos, reponta sempre no cristianismo português a nota idílica e até sensual. O amor ou o desejo humano. Influência do maometanismo parece que favorecida pelo clima doce e como que afrodisíaco de Portugal (p.302 – repetida nos temas *Sexualidade* e *Influência moura*).

~

A festa de igreja no Brasil, como em Portugal, é o que pode haver de menos nazareno no sentido detestado por Nietzsche. No sentido sorumbático e triste (p.304).

~

Dançou-se e namorou-se muito nas igrejas coloniais do Brasil (p.327 – repetida no tema *Sexualidade*).

~

Confraternização que dificilmente se teria realizado se outro tipo de cristianismo tivesse dominado a formação social do Brasil; um tipo mais clerical, mais ascético, mais ortodoxo; calvinista ou rigidamente católico; diverso da religião doce, doméstica, de relações quase de família entre os santos e os homens, que das capelas patriarcais das casas-grandes, das igrejas sempre em festas – batizados, casamentos, "festas de bandeiras" de santos, crismas, novenas – presidiu o desenvolvimento social brasileiro (p.438).

Foi este cristianismo doméstico, lírico e festivo, de santos compadres, de santas comadres dos homens, de Nossas Senhoras madrinhas dos meninos, que criou nos negros as primeiras ligações espirituais, morais e estéticas com a família e com a cultura brasileira (p.438).

～

Nas cantigas de acalanto portuguesas e brasileiras as mães não hesitaram nunca em fazer dos seus filhinhos uns irmãos mais moços de Jesus, com os mesmos direitos aos cuidados de Maria, às vigílias de José, às patetices de vovó de Sant'Ana (p.38).

～

Quando se perdia um dedal, uma tesoura, uma moedinha, Santo Antônio que desse conta do objeto perdido. Nunca deixou de haver no patriarcalismo brasileiro, ainda mais que no português, perfeita intimidade com os santos (p.39).

～

O Menino Jesus só faltava engatinhar com os meninos da casa; lambuzar-se na geleia de araçá ou goiaba; brincar com os moleques. As freiras portuguesas, nos seus êxtases, sentiam-no muitas vezes no colo brincando com as costuras ou provando dos doces (p.39-40).

～

(...) os santos e os anjos só faltando tornar-se carne e descer dos altares nos dias de festa para se divertirem com o povo; os bois entrando pelas igrejas para ser benzidos pelos padres; as mães ninando os filhinhos com as mesmas cantigas de louvar o Menino-Deus... (p.84).

～

(...) as mulheres estéreis indo esfregar-se, de saia levantada, nas pernas de São Gonçalo do Amarante; os maridos cismados de infidelidade conjugal indo interrogar os "rochedos dos cornudos" e as moças casadouras os "rochedos do casamento"; Nossa Senhora do Ó adorada na imagem de uma mulher prenhe (p.84).

Impossível conceber-se um cristianismo português ou luso-
-brasileiro sem essa intimidade entre o devoto e o santo. Com Santo Antônio chega a haver sem-cerimônias obscenas. E com a imagem de São
Gonçalo jogava-se peteca em festas de igreja dos tempos coloniais (p.303).

～

Em Portugal, como no Brasil, enfeitam-se de teteias, de joias, de
braceletes, de brincos, de coroas de ouro e diamante as imagens das
virgens queridas ou dos meninos-Deus como se fossem pessoas da
família. Dão-se-lhes atributos humanos de rei, de rainha, de pai, de
mãe, de filho, de namorado. Liga-se cada um deles a uma fase da vida
doméstica e íntima (p.303).

～

É Nossa Senhora do Ó adorada na imagem de uma mulher prenhe. É São Gonçalo do Amarante só faltando tornar-se gente para emprenhar as mulheres estéreis que o aperreiam com promessas e fric-
ções. É São João Batista festejado no seu dia como se fosse um rapaz
bonito e namorador, solto entre moças casadouras, que até lhe dirigem
pilhérias (p.302).

～

Às vezes guardavam-se joias nas capelas, enfeitando os santos.
Daí Nossas Senhoras sobrecarregadas à baiana de teteias, balangandãs,
corações, cavalinhos, cachorrinhos e correntes de ouro. Os ladrões,
naqueles tempos piedosos, raramente ousavam entrar nas capelas e
roubar os santos (p.40).

～

Abaixo dos santos e acima dos vivos ficavam, na hierarquia patriarcal, os mortos, governando e vigiando o mais possível a vida dos filhos,
netos, bisnetos (p.40 – repetida no tema *Família: unidade colonizadora*).

～

Em muita casa-grande conservavam-se [os] retratos [dos mortos]
no santuário, entre as imagens dos santos, com direito à mesma luz
votiva de lamparina de azeite e às mesmas flores devotas. Também se

conservavam às vezes as tranças das senhoras, os cachos dos meninos que morriam anjos (p.40 – repetida no tema *Família: unidade colonizadora*).

~

Voluptuosidade e indolência quebradas, porém, pelo espírito de devoção religiosa que só no século XIX diminuiu nos homens, para refugiar-se nas mulheres, nos meninos e nos escravos. No século XVII e mesmo no XVIII não houve senhor branco, por mais indolente, que se furtasse ao sagrado esforço de rezar ajoelhado diante dos nichos: às vezes rezas quase sem fim tiradas por negros e mulatos (p.520).

~

Saltava-se das redes para rezar nos oratórios: era obrigação (p.520).

~

Andava-se de rosário na mão, bentos, relicários, patuás, Santo Antônios pendurados ao pescoço; todo o material necessário às devoções e às rezas (p.520).

~

Maria Graham ainda alcançou o tempo das ladainhas cantadas ao anoitecer, nas ruas do Recife; brancos, negros, mulatos, todos rezando ao mesmo Deus e à mesma Nossa Senhora. Alguns senhores mais devotos acompanhavam o Santíssimo à casa dos moribundos (p.520).

~

Dentro de casa rezava-se de manhã, à hora das refeições, ao meio-dia; e de noite, no quarto dos santos – os escravos acompanhavam os brancos no terço e na salve-rainha (p.520).

~

Ao jantar, diz-nos um cronista que o patriarca benzia a mesa e cada qual deitava a farinha no prato em forma de cruz. Outros benziam a água ou vinho fazendo antes, no ar, uma cruz com o copo. No fim davam-se graças em latim (p.521).

E de manhã, ao levantarem-se, era também com o nome de Nosso Senhor na boca... (p.521).

~

Quando alguém espirrava dizia-se: "Deus vos salve". Os negros tomavam a bênção ao senhor dizendo: "Louvado seja o nome de Nosso Senhor Jesus Cristo!". E o senhor respondia: "Para sempre!" ou "Louvado seja!" (p.521).

~

Quando trovejava forte, brancos e escravos reuniam-se na capela ou no quarto do santuário para cantar o bendito, rezar o Magnificat, a oração de São Brás, de São Jerônimo, de Santa Bárbara. Acendiam-se velas; queimavam-se ramos bentos, recitava-se o credo em cruz. Certas doenças, tratavam-se com orações e com óleo, como nos tempos apostólicos: a erisipela, por exemplo (p.521).

~

Pelas janelas e portas da casa grudavam-se papéis com orações para proteger a família de ladrões, assassinos, raios, tempestades (p.522).

~

Nos engenhos jejuava-se e observavam-se os preceitos da Igreja. É verdade que combinando-se a observância dos preceitos divinos com as necessidades do trabalho agrícola e com o regime de alimentação dos escravos... (p.523).

~

(...) aqui o confessionário absorveu os segredos pessoais e de família, estancando nos homens, e principalmente nas mulheres, essa vontade de se revelarem aos outros que nos países protestantes provê o estudioso de história íntima de tantos diários, confidências, cartas, memórias, autobiografias, romances autobiográficos (p.45).

~

O concurso de grande parte, senão da maioria deles, à obra de procriação, foi tão generosamente aceito em Portugal que as Ordenações do Reino mandavam que as justiças não prendessem nem mandassem prender clérigo algum, ou frade, por ter barregã (p.325 – repetida nos temas *Sexualidade* e *Prostituição doméstica da casa-grande*).

∿

Talvez em nenhum país católico tenham até hoje os filhos ilegítimos, particularmente os de padre, recebido tratamento tão doce; ou crescido, em circunstâncias tão favoráveis (p.531 – repetida nos temas *Sexualidade* e *Prostituição doméstica da casa-grande*).

∿

No século XVI, com exceção dos jesuítas – donzelões intransigentes – padres e frades de ordens mais relassas em grande número se amancebaram com índias e negras... (p.531-532 – repetida nos temas *Sexualidade* e *Prostituição doméstica da casa-grande*).

∿

Através dos séculos XVII e XVIII e grande parte do XIX continuou o livre arregaçar de batinas para o desempenho de funções quase patriarcais, quando não para excessos de libertinagem com negras e mulatas (p.532 – repetida nos temas *Sexualidade* e *Prostituição doméstica da casa-grande*).

∿

[Devia o capelão] morar sozinho, fora da casa-grande; e ter por criada escrava velha. Norma que parece ter sido seguida raramente pelos vigários e capelães dos tempos coloniais (p.272).

∿

(...) à formação brasileira não faltou o concurso genético de um elemento superior, recrutado entre as melhores famílias e capaz de transmitir à prole as maiores vantagens do ponto de vista eugênico e de herança social. Daí o fato de tanta família ilustre no Brasil fundada por padre ou cruzada com sacerdote; o fato de tanto filho e neto de padre, notável nas letras, na política, na jurisprudência, na administração (p.533 – repetida nos temas *Sexualidade* e *Prostituição doméstica da casa-grande*).

Raros, entre nós, os eclesiásticos que se conservaram estéreis; e grande número contribuiu liberalmente para o aumento da população, reproduzindo-se em filhos e netos de qualidades superiores (p.534 – repetida nos temas *Sexualidade* e *Prostituição doméstica da casa-grande*).

~

São numerosos os casos de brasileiros notáveis, filhos ou netos de padre (p.534 – repetida nos temas *Sexualidade* e *Prostituição doméstica da casa-grande*).

~

Não é sem razão que a imaginação popular costuma atribuir aos filhos de padre sorte excepcional na vida. (...) "Feliz que nem filho de padre", é comum ouvir-se no Brasil (p.535-536 – repetida nos temas *Sexualidade* e *Prostituição doméstica da casa-grande*).

~

Acresce que a atividade patriarcal dos padres, embora exercida, muitas vezes, em condições morais desfavoráveis, trouxe à formação do Brasil a contribuição de um elemento social e eugenicamente superior. Homens das melhores famílias e da mais alta capacidade intelectual (p.535 – repetida no tema *Miscigenação*).

~

Os interesses de procriação abafaram não só os preconceitos morais como os escrúpulos católicos de ortodoxia; e ao seu serviço vamos encontrar o cristianismo que, em Portugal, tantas vezes tomou característicos quase pagãos de culto fálico (p.325-326 – repetida no tema *Sexualidade*).

~

Os grandes santos nacionais tornaram-se aqueles a quem a imaginação do povo achou de atribuir milagrosa intervenção em aproximar os sexos, em fecundar as mulheres, em proteger a maternidade: Santo Antônio, São João, São Gonçalo do Amarante, São Pedro, o Menino Deus, Nossa Senhora do Ó, da Boa Hora, da Conceição, do Bom Sucesso, do Bom Parto (p.325-326 – repetida no tema *Sexualidade*).

No Brasil, como em Portugal, o povo do interior quando quer chuva costuma mergulhar Santo Antônio dentro de água. Em certas regiões do Norte quando há incêndio nos canaviais coloca-se a imagem do santo numa das janelas da casa-grande até abrandar o fogo (p.328).

~

No Norte, quando dá lagarta no algodão, ainda hoje costumam os lavradores rezar em cada canto da roça. (...) A mesma associação da ideia de fecundidade humana à ideia de fecundidade da terra (p.329).

~

Uma das primeiras festas meio populares, meio de igreja, de que nos falam as crônicas coloniais do Brasil é a de São João já com as fogueiras e as danças. Pois as funções desse popularíssimo santo são afrodisíacas; e ao seu culto se ligam até práticas e cantigas sensuais. É o santo casamenteiro por excelência (p.326 – repetida no tema *Sexualidade*).

~

As sortes que se fazem na noite ou na madrugada de São João, festejado a foguetes, busca-pés e vivas, visam no Brasil, como em Portugal, a união dos sexos, o casamento, o amor que se deseja e não se encontrou ainda (p.326 – repetida no tema *Sexualidade*).

~

É um dos santos [São João] que mais encontramos associados às práticas de feitiçaria afrodisíaca no Brasil. É a imagem desse santo que frequentemente se pendura de cabeça para baixo dentro da cacimba ou do poço para que atenda às promessas o mais breve possível. Os mais impacientes colocam-na dentro de urinóis velhos (p.326-327 – repetida no tema *Sexualidade*).

~

São Gonçalo do Amarante presta-se a sem-cerimônias ainda maiores. Ao seu culto é que se acham ligadas as práticas mais livres e sensuais. Às vezes até safadezas e porcarias. Atribuem-lhe a especialidade de arrumar marido ou amante para as velhas como a São Pedro a de casar as viúvas. Mas quase todos os amorosos recorrem a São Gonçalo (p.327 – repetida no tema *Sexualidade*).

~

Gente estéril, maninha, impotente, é a São Gonçalo que se agarra nas suas últimas esperanças (p.327 – repetida no tema *Sexualidade*).

~

Como era natural, esses santos, protetores do amor e da fecundidade entre os homens, tornaram-se também protetores da agricultura. Com efeito tanto São João e Nossa Senhora do Ó – às vezes adorada na imagem de uma mulher grávida – são santos amigos dos lavradores, favorecendo-os ao mesmo tempo que aos amorosos (p.328 – repetida no tema *Sexualidade*).

~

O São João é no Brasil, além de festa afrodisíaca, a festa agrícola por excelência. A festa do milho, cujos produtos culinários – a canjica, a pamonha, o bolo – enchem as mesas patriarcais para as vastas comezainas da meia-noite (p.329 – repetida no tema *Sexualidade*).

~

A religião tornou-se o ponto de encontro e de confraternização entre as duas culturas, a do senhor e a do negro; e nunca uma intransponível ou dura barreira. Os próprios padres proclamavam a vantagem de concederem-se aos negros seus folguedos africanos (p.439 – repetida no tema *Sociedades híbridas*).

~

A catequese era a primeira fervura que sofria a massa de negros, antes de integrar-se na civilização oficialmente cristã aqui formada com elementos tão diversos. Esse elementos, a Igreja quebrou-lhes a força ou a dureza, sem destruir-lhes toda a potencialidade (p.440).

~

Ocupando-se da cristianização do negro, no Brasil, Nina Rodrigues se extrema, ao nosso ver, em um erro: o de considerar a catequese dos africanos uma ilusão. (...) Aliás o ponto de partida da tese de Nina Rodrigues, consideramo-lo falso: o da incapacidade da raça negra de elevar-se às abstrações do cristianismo (p.440).

∾

Nina Rodrigues foi dos que acreditaram na lenda da inaptidão do negro para todo surto intelectual. E não admitia a possibilidade do negro elevar-se até o catolicismo (p.440).

∾

A liberdade do escravo de conservar e até de ostentar em festas públicas – a princípio na véspera de Reis, depois na noite de Natal, na de Ano-Bom, nos três dias de carnaval – formas e acessórios de sua mítica, de sua cultura fetichista e totêmica, dá bem a ideia do processo de aproximação das duas culturas no Brasil (p.439).

∾

(...) o cristianismo no Brasil [concedeu] aos escravos uma parte no culto; de santos negros como São Benedito e Nossa Senhora do Rosário terem se tornado patronos de irmandades de pretos; dos escravos terem se reunido em grupos que foram verdadeiras organizações de disciplina, com "reis do Congo" exercendo autoridade sobre "vassalos" (p.438-439).

∾

(...) os próprios *Exercícios espirituais*, parece que assimilara-os Loyola de originais africanos; são, pelo menos, produtos do mesmo clima místico ou religioso que as manifestações do voluptuoso misticismo dos árabes (p.115-116).

∾

O céu jesuítico, como o purgatório ou o inferno, cujas delícias ou horrores o devoto que pratique os *Exercícios* acabará vendo, sentindo-lhes o cheiro e o gosto, ouvindo-lhes os cantos de gozo ou os ai-jesus de desespero – esse céu, esse purgatório e esse inferno ao alcance dos sentidos por meio daquela técnica admirável, aproxima-os o estudo comparado das religiões de antigos sistemas de mística muçulmana (p.116).

(...) o certo é que, por contágio e pressão social, rapidamente se impregnou o escravo negro, no Brasil, da religião dominante. Aproximou-se por intermédio dela da cultura do senhor; dos seus padrões de imoralidade. Alguns tornaram-se tão bons cristãos quanto os senhores; capazes de transmitir às crianças brancas um catolicismo tão puro quanto o que estas receberiam das próprias mães (p.437).

~

Sílvio Romero, recordando o seu tempo de menino num engenho do Norte, disse uma vez que nunca viu rezar tanto quanto a escrava Antônia, sua mãe-negra. Ela é o que o fizera religioso (p.437).

~

Outros brasileiros, da geração de Sílvio [Romero], poderiam dizer o mesmo. O próprio Joaquim Nabuco terá porventura aprendido com a sua velha ama negra de Massangana o padre-nosso que, no fim da vida, voltou a rezar na igreja do Oratório em Londres. Quando morreu-lhe a madrinha – "cena de naufrágio" que evoca numa das páginas mais comovidas de *Minha formação* – foi o seu grande consolo: a velha ama negra continuar a servi-lo como dantes (p.437).

~

No dia da botada – primeiro dia de moagem das canas – nunca faltava o padre para benzer o engenho; o trabalho iniciava-se sob a bênção da Igreja (p.523).

~

O sacerdote [no dia da botada] primeiro dizia missa; depois dirigiam-se todos para o engenho, os brancos debaixo de chapéus de sol, lentos, solenes, senhoras gordas, de mantilha. Os negros contentes, já pensando em seus batuques à noite. Os moleques dando vivas e soltando foguetes. O padre traçava cruzes no ar com o hissope, aspergia as moendas com água-benta – muitos escravos fazendo questão de ser também salpicados pela água sagrada. Seguiam-se outros gestos lentos do padre. Frases em latim. Às vezes discurso (p.523-524).

Depois de todo esse cerimonial, é que se colocavam entre as moendas as primeiras canas maduras, atadas com laços de fita verde, encarnada ou azul. Só então o trabalho começava nos engenhos patriarcais. Foi assim desde o século XVI (p.524).

Deve-se porém distinguir entre os escravos de trabalho agrícola e os do serviço doméstico – estes beneficiados por uma assistência moral e religiosa que muitas vezes faltava aos do eito (p.539).

~

Na maior parte das casas-grandes sempre se fez questão de negros batizados, tendo-se uma como repugnância supersticiosa a "pagãos" ou "mouros" dentro de casa, fossem embora simples escravos (p.539).

~

A história social da casa-grande é a história íntima de quase todo brasileiro: da sua vida doméstica, conjugal, sob o patriarcalismo escravocrata e polígamo; da sua vida de menino; do seu cristianismo reduzido à religião de família e influenciado pelas crendices da senzala (p.44 – repetida nos temas *Complexo social da casa-grande* e *Estudos de vida íntima: uma metodologia*).

Mortes em tempos patriarcais

A mortalidade infantil (...) foi enorme entre as populações indígenas desde o século XVI. Naturalmente devido ao contato perturbador e disgênico com a raça conquistadora. Considerável tornou-se também a mortalidade de crianças entre as famílias das casas-grandes (p.448).

~

A idealização de que foram objeto os meninos filhos dos índios nos primeiros tempos da catequese e da colonização – época, precisamente, de elevada mortalidade infantil, como se depreende das próprias crônicas jesuíticas – tomou muitas vezes caráter meio mórbido; resultado, talvez, da identificação da criança com o anjo católico. A morte da criança passou a ser recebida quase com alegria; pelo menos sem horror (p.203).

~

Nos tempos da catequese, os jesuítas, talvez para atenuar entre os índios o mau efeito do aumento da mortalidade infantil que se seguiu ao contato ou intercurso em condições disgênicas, entre as duas raças, tudo fizeram para enfeitar ou embelezar a morte da criança. Não era nenhum pecador que morria, mas um anjo inocente que Nosso Senhor chamava para junto de si (p.203).

~

A verdade é que perder um filho pequeno nunca foi para a família patriarcal a mesma dor profunda que para uma família de hoje. Viria outro. O anjo ia para o céu. Para junto de Nosso Senhor, insaciável em cercar-se de anjos (p.450).

~

(...) o fato é que se prolongaram pelo século XIX os enterros de anjos. Uns em caixões azuis ou encarnados, os cadáveres pintados a carmim (...); os mais pobres, em tabuleiros cheios de flores; alguns até em caixas de papelão, das grandes, de camisas de homem (p.450).

～

As causas da mortalidade infantil no Brasil do tempo da escravidão – causas principalmente sociais – fixa-as com admirável nitidez de senso crítico José Maria Teixeira, atribuindo-as principalmente ao sistema econômico da escravidão, isto é, aos costumes sociais dele decorrentes: falta de educação física e moral e intelectual das mães; desproporção na idade dos cônjuges; frequência de nascimentos ilícitos. Devendo acrescentar-se: o regime impróprio da alimentação; o aleitamento por escravas nem sempre em condições higiênicas de criar; a sífilis dos pais ou das amas (p.450).

～

Ou então [a morte da criança] era mau-olhado. Coisa-feita. Bruxedo. Feitiço. Contra o que só as figas, os dentes de jacaré, as rezas, os tesconjuros (p.450 – repetida no tema *Medos, superstições, bruxarias*).

～

O trabalho sedentário e contínuo, as doenças adquiridas ao contato dos brancos, ou pela adoção, forçada ou espontânea, dos seus costumes, a sífilis, a bexiga, a disenteria, os catarros foram dando cabo dos índios: do seu sangue, da sua vitalidade, da sua energia (p.227).

～

Um fato triste é que muitas noivas de quinze anos morriam logo depois de casadas. Meninas. Quase como no dia da primeira comunhão. Sem se arredondarem em matronas obesas; sem criarem buço; sem murcharem em velhinhas de trinta ou quarenta anos (p.432).

～

Morriam de parto – vãs todas as promessas e rogos à Nossa Senhora da Graça ou do Bom Parto. Sem tempo de criarem nem o primeiro filho. Sem provarem o gosto de ninar uma criança de verdade em vez dos bebês de pano, feitos pelas negras de restos de vestidos. Ficava então o menino para as mucamas criarem (p.433).

Ao sentirem aproximar-se a morte, pensavam os senhores nos seus bens e escravos em relação com os filhos legítimos seus descendentes; os testamentos acusam a preocupação econômica de perpetuidade patriarcal através dos descendentes legítimos. Mas acusam – às vezes em antagonismo com esse espírito de perpetuidade e de legitimidade – um vivo sentimento cristão de ternura pelos bastardos e pelas negras (p.524).

～

Raro o senhor de engenho que morreu sem deixar alforriados, no testamento, negros e mulatas de sua fábrica (p.525).

～

(...) foi costume sepultarem-se os senhores e pessoas da família quase dentro de casa: em capelas que eram verdadeiras puxadas da habitação patriarcal. Os mortos ficavam na companhia dos vivos... (p.526 – repetida no tema *Família patriarcal: unidade colonizadora*).

～

Os enterros faziam-se à noite, com grandes gastos de cera; com muita cantoria dos padres em latim; muito choro das senhoras e dos negros. Que estes ficavam sem saber que novo senhor a sorte lhes reservava; e choravam não só com saudades do senhor velho, como pela incerteza do seu próprio destino (p.526).

～

(...) as criancinhas muito pintadas de ruge, cachos de cabelo louro, asas de anjinhos; as virgens, de branco, capela de flor de laranja, fitas azuis (p.526).

～

Nesse luxo de dourados, ruge, sedas, eram os defuntos conduzidos para as sepulturas nas igrejas; igrejas que nos dias úmidos ficavam fedendo horrivelmente a podre, os defuntos só faltando estourar das covas (p.526).

Os negros, é claro, não se enterravam envolvidos em sedas e flores, nem dentro das igrejas. Enrolavam-se seus cadáveres em esteiras; e perto da capela do engenho ficava o cemitério dos escravos, com cruzes de pau preto assinalando as sepulturas (p.527).

Quando eram negros já antigos na casa morriam como qualquer pessoa branca: confessando-se, comungando, entregando a alma a Jesus e a Maria... (p.527).

~

Muitos negros foram enterrados na beira da praia: mas em sepulturas rasas, onde os cachorros quase sem esforço achavam o que roer e os urubus o que pinicar (p.527).

Tel.: (11) 2225-8383
www.markpress.com.br